So backt Die Allgäuerin

Kuchen • Torten • Desserts

AVA VERLAG

Backen macht glücklich – Kuchen, Torten und süße Köstlichkeiten...

Himbeer-Crumble, Erdbeertorte, Mini-Muffins, Käsekuchen, süße Kirsch-Ecken, Schokokuchen im Glas, Rosenblüten-Tiramisu, Walnussecken oder Omas Hefefladen, ... vor Ihnen liegt ein Schatzkästchen mit den gesammelten Lieblingsrezepten aus zehn Jahren Die Allgäuerin.

Von fruchtig-süß bis knusprig-nussig, haben wir die feinsten Backrezepte für Schokoladenfans, Obstliebhaber und Naschkatzen zusammengestellt. In „So backt Die Allgäuerin" finden Sie Obstkuchen mit Früchten der Saison, süße Tortenträume, Geschenke aus der Küche, Variationen im Glas, Kleingebäck zum Kaffeeklatsch und verführerische Süßspeisen wie Desserts, Eis und zartschmelzende Cremes.

Ein Muss für alle Die Allgäuerin -Fans

Ob für den Kaffeeklatsch mit der besten Freundin, für den Sonntagskaffee oder den festlichen Geburtstagstisch – entdecken Sie eine tolle und vielseitige Auswahl an feinsten Kuchenkreationen, verführerischen Tortenträumen und vielem mehr – mit Geling-Garantie, einfachen Schritt-für-Schritt-Anleitungen und ohne aufwendige Zutaten für die süßen Momente im Leben.

Wie wünschen Ihnen viel Spaß beim Lesen, Ausprobieren und Genießen!

Unsere Besten

Inhaltsverzeichnis

Desserts zum Genießen

Backen rund ums Jahr

Verwendete Abkürzungen

g = Gramm
EL = Esslöffel
TL = Teelöffel
l = Liter
ml = Milliliter
Msp. = Messerspitze
Pck. = Päckchen

Tipps & Tricks

So gelingen Kuchen & Co.

Zum Backen verwenden wir **Süßrahmbutter.** Diese hat einen feineren Geschmack und eignet sich hervorragend für alle Backwaren.

Unterheben von steif geschlagenem Eiweiß oder Sahne:
Das funktioniert am einfachsten, wenn man dieses in eine große Schüssel gibt. Die Eigelb- oder Crememasse darübergeben und vorsichtig unterheben.

Mürbteig ausrollen: Backpapier auf den Teig legen, so spart man Mehl, das den Teig trocken und bröslig macht.

Creme am einfachsten in einen Spritzbeutel füllen:
Den leeren Spritzbeutel in einen hohen Becher stellen und den Rand nach außen klappen. Auf diese Weise sind beide Hände zum Befüllen frei.

Schokolade schmelzen: Kuvertüre klein hacken, dann schmilzt sie schneller. Stets bei niedriger Temperatur schmelzen.
Vorsicht! Kuvertüre oder Schokolade werden grau, wenn sie mit Wasser oder Dampf in Berührung kommen. Kuvertüre erhält einen schönen Glanz, wenn beim Schmelzen 1 EL Kokosfett untergerührt wird.

Die perfekte Schokoladenglasur: Kuvertüre bricht gerne beim Schneiden. Mischt man sie für einen Überzug mit ⅓ Kuchenglasur, dann lässt sich der Kuchen besser schneiden und glänzt.

Schlagsahne-Reste: Bleibt steif geschlagene Sahne übrig, diese als Tupfer auf Alufolie spritzen, im Gefrierer vorfrosten, dann im Gefrierbeutel einfrieren – ein idealer Vorrat an Verzierungen.

Wir backen ausschließlich ohne künstliche Backaromen:

- **Vanillezucker:** Das Mark einer Vanilleschote auskratzen und für Gebäck verwenden. Die ausgekratzte Vanilleschote in ein Glas mit Zucker geben. Ein paar Stunden durchziehen lassen und fertig ist der Vanillezucker. Das Glas kann bis zu fünfmal mit Zucker aufgefüllt werden, da das Aroma der Schote sehr lange anhält.
- **Zitronen- oder Orangenzucker:** Eine unbehandelte Zitrone oder Orange heiß waschen, abtrocknen und die Schale abreiben. Diese mit Zucker mischen und in ein Schraubglas geben. Durch die Feuchtigkeit klumpt der Zucker ein wenig, dann einfach umrühren.
- **Zimtzucker:** 250 g Zucker und ein bis zwei Zimtstangen in ein Glas geben. Ein paar Tage durchziehen lassen.

Gelatine verarbeiten: Schritt für Schritt

So geht´s

Für schöne, schnittfeste Torten und Nachspeisen ist die Verwendung von Gelatine unerlässlich. Gelatine ist geschmacksneutral und lässt sich mit ein paar Tricks problemlos verarbeiten. Es gibt Blatt-, Pulver- oder Sofortgelatine. Wir haben die besten Erfahrungen mit Blattgelatine gemacht, da sie sich am besten portionieren lässt. Sofortgelatine ist ideal, wenn man Schlagsahne zum rundherum Verzieren von Torten braucht. Diese einfach mit steif schlagen und die Sahne hält optimal.

Bei Verwendung von Blattgelatine:

- Die Blätter in reichlich kaltem Wasser mind. 10 Min. einwirken lassen.
- Damit alle Blätter gleichmäßig einweichen, diese immer einzeln ins Wasser geben.
- Nach der Einwirkzeit die Gelatineblätter gut ausdrücken und bei ganz niedriger Temperatur unter Rühren auflösen. Kocht Gelatine, verliert sie ihre Gelierfähigkeit.
- Immer in die aufgelöste Gelatine 2-3 EL der Tortencreme geben und diese gut miteinander verrühren. Diese Masse dann in die gesamte Creme rühren.
- Der Temperaturunterschied zwischen Gelatine und Creme darf nicht zu hoch sein, sonst bilden sich kleine Klümpchen.
- Anschließend, je nach Rezept, sofort die geschlagene Sahne unterheben. Somit vermeidet man, dass die Masse zu fest geliert und ein Unterheben der Sahne nicht mehr möglich ist.
- Es gibt Obstsorten mit einem Enzym, das Gelatine wieder auflöst. Daher bei Rezepten mit Ananas, Kiwis oder Mangos immer Dosenware verwenden. Denn durch das Konservieren wurde dieses Enzym zerstört. Oder diese Obstsorten kurz blanchieren.

Schokolade kleine Warenkunde

- **Kuvertüre** ist eine Schokolade mit höherem Fettanteil. Dadurch glänzt sie schön und ist der Klassiker bei den Glasuren. Da sie nach dem Erkalten sehr stabil ist, wird sie gerne zum Dekorieren verwendet. Sie wird in Zartbitter, Vollmilch und Weiß angeboten.
- **Blockschokolade** verfügt über einen geringen Fettanteil und glänzt kaum. Daher sollte sie nicht als Glasur verwendet werden. Sie ist aber ideal für Teige geeignet, da sie sich fein raspeln lässt.
- **Vollmilchschokolade** gehört zu den weltweit am meisten verzehrten Sorten und ist besonders beliebt wegen ihres zarten Schmelzes. Sie hat einen Kakaoanteil von mindestens 25 %.
- **Bitterschokolade** enthält mindestens 60 % Kakaoanteil. Besonders edel geltende Sorten haben oft über 80 % Anteil.
- **Weiße Schokolade** ist genau genommen keine Schokolade. Denn es befindet sich außer der Kakaobutter kein weiterer Stoff der Kakaobohne in ihr. Durch ihre Milde und Süße ist sie besonders bei Kindern äußerst beliebt.

Einfach Sommer

Obstkuchen und mehr

Ein Stückchen Kuchen, eine Tasse Kaffee – und die Welt ist in Ordnung.

Herrlich
beerig und
besonders
saftig

Erdbeer-Käsekuchen

Zutaten:

Mürbteig:

250 g Mehl
80 g Zucker
120 g Butter
1 Ei

Füllung:

3 Eier
100 g Zucker
1 EL Vanillezucker
600 g Frischkäse
250 g Quark
1 Pck. Vanillepuddingpulver

Belag:

400 g Erdbeeren
1 Pck. Tortenguss weiß
250 ml Johannisbeer-Nektar

Zubereitung:

1. Aus den Teigzutaten einen Mürbteig herstellen. ⅔ des Teiges für den Boden einer gefetteten Springform (28 cm Ø) verwenden. Aus dem restlichen Mürbteig eine Rolle formen und mit der Teigrolle flach ausrollen. Den Teig am Rand der Form leicht andrücken und in der Form ca. 30. Min. kühl stellen.
2. Die Eier mit dem Zucker und dem Vanillezucker schaumig rühren. Den Frischkäse und den Quark mit dem Puddingpulver einrühren. Die Creme auf den Teig geben und backen. **Backzeit: 50 bis 60 Min. bei 180 °C (160 °C Heißluft).**
3. Für den Belag die Erdbeeren waschen, putzen und je nach Größe klein schneiden. Den abgekühlten Käsekuchen damit belegen.
4. Den Tortenguss mit dem Nektar nach Packungsanweisung zubereiten und über die Beeren geben.
5. Nach Belieben mit Sahne verzieren.

Erdbeer-Käsekuchen-Eis

Zutaten für 1,5 l Eis:
400 g frische Erdbeeren
3 EL
½ Zitrone
500 ml Schlagsahne
200 g Frischkäse (Doppelrahmstufe)
400 g gesüßte Kondensmilch
2 TL Vanilleextrakt
100 g Haferkekse oder Vollkornbutterkekse

ohne Eismaschine

Zubereitung:

1. Für die Beerenmasse die Erdbeeren klein schneiden, mit dem Zucker und dem Saft der halben Zitrone in einen kleinen Topf geben, 2 EL Wasser zufügen, aufkochen und einige Minuten köcheln lassen, bis die Beeren etwas zerfallen. Den Topf vom Herd nehmen, die Erdbeeren pürieren und abkühlen lassen.
2. Für die Eismasse die Sahne steifschlagen. Den Frischkäse kurz glattrühren, die Kondensmilch und das Vanilleextrakt unterrühren und die Schlagsahne unterheben.
3. Die Hälfte der Eismasse in eine gefriergeeignete Form geben, mit der Hälfte der Beerenmasse beträufeln, die Hälfte der Kekse darüberkrümeln, mit dem Rest der Eismasse bedecken, die restliche Beerenmasse darüberträufeln, mit einer Gabel marmorieren und die restlichen Kekse darüberkrümeln.
4. Das Erdbeer-Käsekuchen-Eis zugedeckt ca. 6 Std. tiefkühlen.

Der
Sommer-
Hit

Joghurt-Beeren-Eis

Zutaten für 600 ml Eis:

250 g Beeren
(nach Belieben: Himbeeren, Heidelbeeren, Erdbeeren, Brombeeren, Johannisbeeren oder eine Mischung),
100–125 g Zucker
150 ml griechischer Sahnejoghurt
150 ml Schlagsahne

Zubereitung:

1. Die Beeren mit dem Zucker und 2 EL Wasser aufkochen und 3 bis 5 Min. köcheln lassen, bis die Beeren zerfallen und etwas eingedickt sind, durch ein Sieb streichen und abkühlen lassen.
2. Die Beerenmasse mit dem Joghurt glattrühren. Die Sahne halb steifschlagen, unter die Beeren-Joghurt-Masse heben und im Kühlschrank gut durchkühlen lassen.
3. Die gekühlte Masse in der Eismaschine zu Eis rühren lassen (Angaben des Eismaschinenherstellers beachten).
4. Das Eis gleich servieren oder zugedeckt etwa 3 Std. tiefkühlen, bis es fest ist.

Rhabarberkuchen mit Mohnstreuseln

Zutaten:

Rührteig:

150 g Butter
150 g Zucker
1 EL Vanillezucker
3 Eier
200 g Mehl
2 TL Backpulver
3 EL Milch

Belag:

800 g Rhabarber
300 g Frischkäse
80 g Zucker
1 Ei
4 EL Milch
1 TL Speisestärke

Streusel:

100 g Butter
100 g Mehl
25 g gemahlener Mohn
60 g Zucker

Zum Bestäuben:

Puderzucker

Zubereitung:

1. Für den Rührteig die Butter mit Zucker und Vanillezucker schaumig rühren. Die Eier nach und nach zugeben. Das Mehl mit dem Backpulver mischen und mit der Milch auf mittlerer Stufe unterrühren. Den Teig in eine gefettete Springform (28 cm Ø) streichen.
2. Für den Belag den Rhabarber waschen, putzen und in kleine Stücke schneiden. Auf dem Teig verteilen und vorbacken. **Backzeit: 30 Min. bei 180 °C (160 °C Heißluft).**
3. Für die Streusel die Butter schmelzen. Die restlichen Streuselzutaten mischen und die Butter mit den Knethaken des Handrührgerätes unterrühren. Streuselteig kühl stellen.
4. Den Frischkäse mit Zucker, Ei, Milch und Speisestärke glattrühren. Auf dem vorgebackenen Kuchen verstreichen. Die Streusel darüber verteilen und fertig backen. **Backzeit: 35 Min. bei 180 °C (160 °C Heißluft).**
5. Den abgekühlten Kuchen mit Puderzucker bestäuben.

Himbeer-Crumble

Zutaten:

Streusel:

60 g Mehl
2 EL Zucker
2 EL brauner Zucker
1 Prise Salz
60 g Butter
4 EL Haferflocken

Außerdem:

500 g Himbeeren
2 EL Zitronensaft
2 EL Mehl
2 EL Zucker

Zubereitung:

1. Für die Streusel alle Zutaten mit den Händen oder dem Rührgerät mit den Knethaken zu einem krümeligen Teig verkneten und 10 Min. kalt stellen.
2. Den Backofen vorheizen und 4 feuerfeste Förmchen (Ø 12 cm) oder eine mittelgroße Auflaufform fetten.
3. Die Himbeeren mit dem Zitronensaft, dem Mehl und dem Zucker vorsichtig vermengen und in den Förmchen verteilen. Die Streusel gleichmäßig darauf verteilen und im vorgeheizten Ofen im unteren Drittel backen, bis sie goldgelb sind und die Himbeeren blubbern. **Backzeit: Kleine Förmchen 20 bis 25 Min./große Form 30 bis 35 Min. bei 200° C (180°C Heißluft).**
4. Den Himbeer-Crumble aus dem Ofen nehmen und etwas abkühlen lassen. Mit jeweils einer Kugel Vanilleeis noch warm servieren.

Für Naschkatzen …

Johannisbeer-Marzipan-Kuchen

Zutaten:

Rührteig:
200 g Marzipan
250 g Butter
150 g Zucker
5 Eier
350 g Mehl
1 Pck. Backpulver
50 ml Milch
400 g Johannisbeeren

Zum Bestäuben:
Puderzucker

Zubereitung:

1. Das Marzipan fein reiben und mit der Butter und dem Zucker schaumig rühren. Die Eier nach und nach zugeben.
2. Das Mehl mit dem Backpulver mischen und mit der Milch unterrühren. Die Johannisbeeren unterheben.
3. Den Teig auf einem mit Backpapier ausgelegten Backblech verteilen und backen. **Backzeit: 35 bis 45 Min. bei 180 °C (160 °C Heißluft).**
4. Vor dem Servieren mit Puderzucker bestäuben.

Tipp:
Johannisbeeren lassen sich auch sehr gut einfrieren.

Schoko-Johannisbeerkuchen

Zutaten:
Rührteig:
100 g Schokolade Zartbitter,
150 g Butter
150 g Zucker
1 EL Vanillezucker
3 Eier
200 g Mehl
½ Pck. Backpulver
2 EL Kakao
evtl. etwas Milch
250 g Johannisbeeren
Zum Bestäuben:
Puderzucker

Zubereitung:

1. Die Schokolade zerkleinern, im Wasserbad schmelzen und abkühlen lassen.
2. Die Butter mit dem Zucker und Vanillezucker schaumig rühren. Die Eier nach und nach zugeben. Das Mehl mit dem Backpulver und dem Kakao mischen und mit der Schokolade unterrühren. Sollte der Teig zu fest sein, etwas Milch zufügen.
3. Die Johannisbeeren unterheben. Den Teig in eine gefettete Springform (26 cm Ø) füllen und backen. **Backzeit: ca. 45 Min. bei 180 °C (160 °C Heißluft).**
4. Den Kuchen abkühlen lassen und vor dem Servieren mit Puderzucker bestäuben.

Hätten Sie´s gewusst?

Da die Früchte gewöhnlich am Johannitag (24. Juni) reif sind, tragen sie den Namen Johannisbeere.

Knuspriger Mürbteig mit fruchtiger Füllung ...

Kirschkuchen

Zutaten:

Mürbteig:

375 g Mehl
3 EL Zucker
1 Prise Salz
180 g Butter
1 TL geschmacksneutrales Öl
1 Eigelb
4 EL kaltes Wasser

Kirschfüllung:

35 g Stärke
400 g entsteinte Kirschen +
350 ml Kirschsaft oder
1 großes Glas Kirschen mit Saft
100–150 g Zucker
etwas Salz
2 EL Zitronensaft

Zum Bestreichen:

etwas Milch
und Zucker

Zubereitung:

1. Für den Mürbteig das Mehl, den Zucker und das Salz in eine Rührschüssel geben und mischen, die kalte Butter in Flocken darauf verteilen und mit den Fingern einarbeiten. Die restlichen Zutaten dazu geben und rasch miteinander verkneten.
2. Ein Drittel des Teiges zu einer Kugel formen, etwas flach drücken und in Frischhaltefolie wickeln. Den restlichen Teig ebenso und ca. 1 Std. kalt stellen.
3. Währenddessen die Kirschfüllung vorbereiten. Die Stärke mit etwas Kirschsaft glatt rühren. Den restlichen Kirschsaft mit 100 g Zucker, dem Salz und dem Zitronensaft aufkochen, die angerührte Stärke einrühren und 1 Min. unter Rühren köcheln lassen. Die Kirschen dazu geben, mit dem restlichen Zucker abschmecken, vom Herd nehmen und abkühlen lassen.
4. Den Backofen auf 220 °C Ober-/Unterhitze vorheizen. Eine runde Auflauf- oder Springform mit etwas Butter gut einfetten. Den größeren Teil des Teiges dünn ausrollen und die Form damit auslegen. Die abgekühlte Kirschfüllung gleichmäßig darauf verteilen.
5. Den restlichen Teig ebenso dünn ausrollen, in Streifen schneiden und als Gitter auf die Füllung legen. Die Streifen am Rand gut andrücken und den überstehenden Teig abschneiden. Das Gitter und den Rand mit Milch bestreichen und mit Zucker bestreuen.
6. Den Kuchen backen. **Backzeit: 15 Min. bei 220 °C (200 °C Heißluft)**. Dann Temperatur auf 190 °C reduzieren und **weitere 20 bis 25 Min.** backen. Falls der Rand zu dunkel wird, eventuell leicht mit Alufolie abdecken.
7. Den Kuchen aus dem Ofen nehmen und in der Form abkühlen lassen.

Süße Kirsch-Ecken

Zutaten für 1 Blech:

Rührteig:

300 g Mehl
2 ½ TL Backpulver
¼ TL Salz
250 g weiche Butter
250 g Zucker
1 Vanilleschote
3 große Eier
400 g entsteinte Kirschen oder
1 großes Glas Kirschen (abgetropft)

Zum Bestäuben:

Puderzucker

Zubereitung:

1. Mehl, Backpulver und Salz mischen. In einer Rührschüssel die weiche Butter, den Zucker und das ausgekratzte Mark der Vanilleschote hellcremig rühren. Die Eier nacheinander untermischen. Dann die Mehlmischung unterrühren.
2. Den Teig gleichmäßig auf ein mit Backpapier ausgelegtes Backblech streichen. Die Kirschen auf dem Teig verteilen. **Backzeit im vorgeheizten Ofen: ca. 25 bis 30 Min. bei 180 °C (160 °C Heißluft).**
3. Nach dem Backen den Teig 10 Min. auf dem Backblech abkühlen lassen, mit dem Backpapier vom Backblech ziehen und auf einem Kuchengitter auskühlen lassen. Kuchen in Ecken schneiden und mit Puderzucker bestreuen.

Zwetschgenkuchen

Zutaten:

Rührteig:

3 Eier
250 g Butter
250 g Puderzucker
250 g Mehl
1 Pck. Backpulver

Belag:

1 kg Zwetschgen
100 g gehackte Mandeln

Zum Bestäuben:

Puderzucker

Zubereitung:

1. Die Eier trennen und das Eiweiß steif schlagen. Für den Rührteig die Butter mit dem Puderzucker schaumig rühren. Eigelb nach und nach zugeben. Das Mehl mit dem Backpulver mischen und auf mittlerer Stufe unterrühren. Das Eiweiß unterheben. Den Teig auf ein mit Backpapier ausgelegtes Backblech streichen.
2. Die Zwetschgen waschen, entsteinen und vierteln. Über den Teig verteilen. Die Mandeln darüberstreuen und backen. **Backzeit: ca. 45 Min. bei 180 °C (160 °C Heißluft).**
3. Den abgekühlten Kuchen mit Puderzucker bestäuben.

Apfelkuchen mit Marzipan

Zutaten:

Rührteig:

150 g Butter
150 g geriebenes Marzipan
100 g Zucker
1 EL Vanillezucker
3 Eier
200 g Mehl
2 TL Backpulver
3 EL Milch oder Eierlikör

Belag:

4 Äpfel

Zum Bestäuben:

Puderzucker

Zubereitung:

1. Die Butter mit dem Marzipan, dem Zucker und dem Vanillezucker schaumig rühren.
2. Die Eier nach und nach zugeben. Das Mehl mit dem Backpulver mischen und mit der Milch bzw. dem Eierlikör bei mittlerer Stufe unterrühren.
3. Den Teig in eine gefettete Springform (26 cm Ø) geben und glatt streichen.
4. Die Äpfel schälen, vierteln, entkernen und der Länge nach mehrmals einritzen. Die Apfelviertel auf den Teig setzen und backen. **Backzeit: ca. 40 bis 45 Min. bei 180 °C (160 °C Heißluft).**
5. Nach dem Abkühlen mit Puderzucker bestäuben.

Apfelkuchen mit Nusskruste

Zutaten:

Rührteig:

130 g Sahne
100 g Zucker
1 EL Zitronenzucker
selbstgemacht, siehe S.9
2 Eier
200 g Mehl
2 TL Backpulver

Belag:

1 kg Äpfel
100 g Butter
50 g Zucker
80 g gehackte Haselnüsse
2 EL Mehl
4 EL Milch

Zum Bestäuben:

Puderzucker

Zubereitung:

1. Sahne, Zucker, Zitronenzucker und Eier gut verrühren. Mehl und Backpulver mischen und unterrühren. Den Teig in eine gefettete Springform (26 cm Ø) füllen.
2. Die Äpfel schälen, vierteln und entkernen. In Scheiben schneiden, auf dem Teig verteilen und backen. **Backzeit: 10 Min. bei 180 °C (160 °C Heißluft).**
3. Die Butter schmelzen und die restlichen Zutaten unterrühren. Einmal aufkochen lassen. Die Masse über die Äpfel geben und weiterbacken. **Backzeit: 25 Min. bei 180 °C (160 °C Heißluft).**
4. Den Kuchen vor dem Servieren mit Puderzucker bestäuben.

Apfelkuchen sind ein Klassiker unter den Kuchenrezepten und bei Jung und Alt beliebt.

1.
2.
3.
4.
5.
6.
7.
8.

Hausgemachter Apfelstrudel

Zutaten für 2–3 Strudel:

Studelteig:

1250 g Weizen- oder Dinkelmehl
1 Prise Salz
2 EL Sonnenblumenöl
ca. 100 ml warmes Wasser
1 Ei

Füllung:

1,5 kg feste, säuerliche Äpfel
(z.B. Boskop, Elstar)
100 g gehackte Nüsse
(z.B. Wal- oder Haselnüsse)
100 g Zucker
1 unbehandelte Zitrone
2 EL Rum
100 g Rosinen
½ TL Zimt

Außerdem:

2 EL zerlassene Butter
Puderzucker zum Bestäuben

Tipp: Den noch warmen Strudel mit Puderzucker bestreuen und mit Vanillesauce, -eis oder Schlagsahne servieren.

Zubereitung:

1. Mehl und Salz in eine Rührschüssel geben. Öl, warmes Wasser und Ei zugeben und mit einem Handrührgerät mit Knethaken mind. 5 Min. zu einem glatten und elastischen Strudelteig kneten.
2. Wärend der Strudelteig etwa 30 Min. zugedeckt ruht, wird die Füllung vorbereitet. Die Äpfel entkernen, in dünne Scheiben hobeln und in eine große Schüssel geben. Nüsse, Zucker, Zitronenabrieb, Rum, Rosinen und Zimt in eine weitere Schüssel geben und miteinander vermengen.
3. Um den Strudelteig besser aufrollen zu können, ein sauberes Geschirrtuch auf dem Küchentisch ausbreiten und mit Mehl bestreuen. Darauf mit einem Nudelholz den Teig so dünn wie möglich ausrollen.
4. Danach vorsichtig mit beiden Händen unter den Strudelteig fassen und von innen nach außen dünn ausziehen.
5. Die Äpfel auf den Teig geben und die Rum-Nuss-Mischung auf den Äpfeln verteilen.
6. Damit beim Backen nichts ausläuft, die Teig-Seiten und den hinteren Rand einschlagen.
7. Mit Hilfe des Strudeltuchs den Teig vorsichtig von hinten nach vorne einrollen. Das Strudeltuch unter dem Strudel einschlagen, seitlich an beiden Enden fassen und straffen. Den Strudel so gebettet vorsichtig auf ein gefettetes Backblech rollen.
8. Vor dem Backen mit flüssiger Butter einstreichen und im vorgeheizten Ofen backen. **Backzeit: ca. 45 Min. bei 200 °C (180 °C Heißluft).**

Birnenkäsekuchen

Zutaten:

Mürbteig:

250 g Mehl
80 g Zucker
120 g Butter
1 Ei

Füllung:

200 g Schmand
200 g Sahne
100 g Zucker
2 Eier
1 Pck. Vanillepuddingpulver
2–3 Birnen

Belag:

250 g Sahne
2 EL Vanillezucker
5 EL Eierlikör

Zubereitung:

1. Aus den Teigzutaten einen Mürbteig herstellen. ⅔ des Teiges für den Boden einer gefetteten Springform (26 cm Ø) verwenden. Aus dem restlichen Mürbteig eine Rolle formen und mit der Teigrolle flach ausrollen. Den Teig am Rand der Form leicht andrücken und in der Form ca. 30. Min. kühl stellen.
2. Die Zutaten für die Füllung verrühren. Die Birnen schälen, entkernen und klein schneiden. Die Füllung auf dem Teigboden verteilen. Die Birnen darübergeben und backen. **Backzeit: 55 bis 60 Min. bei 180 °C (160 °C Heißluft).**
3. Abkühlen lassen. Die Sahne mit dem Vanillezucker steif schlagen. Etwas zum Verzieren beiseite stellen. Auf dem Kuchen verteilen. Mit dem Eierlikör und der Sahne verzieren.

Schokobirnenkuchen

Zutaten:

Rührteig:

100 g Zartbitterschokolade
200 g Butter
150 g Zucker
1 EL Vanillezucker
4 Eier
250 g Mehl
1 Pck. Backpulver
3 EL Milch oder Eierlikör
2 weiche Birnen

Zum Bestäuben:

Puderzucker

Zubereitung:

1. Die Schokolade klein hacken, im Wasserbad schmelzen und leicht abkühlen lassen.
2. Für den Rührteig die Butter mit dem Zucker und dem Vanillezucker schaumig rühren. Die Eier nach und nach zugeben. Das Mehl mit dem Backpulver mischen und mit der Milch bzw. dem Eierlikör und der Schokolade auf mittlerer Stufe unterrühren.
3. Die Birnen schälen, halbieren und entkernen.
4. In eine gefettete, ausgebröselte Kastenform (30 cm) ⅔ des Teiges geben. Die Birnen darüber verteilen, den restlichen Teig darüber verstreichen und backen. **Backzeit: 60 Min. bei 180 °C (160 °C Heißluft)**.
5. Abkühlen lassen und mit Puderzucker bestäuben.

Tipp:

Dieser Kuchen schmeckt auch mit Äpfeln sehr gut.

Süße Tortenträume

Ein Stück
Torte
ist das Lächeln
des
Nachmittags.

Apfel-Schmand-Torte

Zutaten:

Biskuit:

3 Eier
100 g Zucker
1 EL Vanillezucker
80 g Mehl
30 g Speisestärke
½ TL Backpulver

Apfelbelag:

600 g Äpfel
200 ml Apfelsaft
1 Pck. Vanillepuddingpulver
50 g Vanillezucker

Schmandbelag:

6 Blatt Gelatine
200 g Sahne
300 g Schmand
100 g Zucker
50 ml Eierlikör

Guss:

250 ml Apfelsaft
1 Pck. Tortenguss klar

Zubereitung:

1. Die Eier mit Zucker und Vanillezucker schaumig rühren. Mehl mit Speisestärke und Backpulver mischen und unterheben. Den Teig in eine gefettete Springform (28 cm Ø) füllen und backen. **Backzeit: ca. 20 Min. bei 180 °C (160 °C Heißluft).**
2. Für den Apfelbelag die Äpfel schälen, vierteln, entkernen und klein schneiden. Mit 150 ml Apfelsaft kurz aufkochen. Das Puddingpulver mit dem restlichen Apfelsaft und Vanillezucker glattrühren und unter die Apfelmasse rühren, kurz aufkochen und anschließend etwas abkühlen lassen.
3. Den erkalteten Tortenboden aus der Form lösen und auf einer Platte mit einem Tortenring umschließen. Die Apfelmasse darauf verteilen. Für 1 Std. kühl stellen.
4. Für den Schmandbelag die Gelatine in kaltem Wasser einweichen. Die Sahne steif schlagen. Den Schmand mit dem Zucker und dem Eierlikör glatt rühren. Die Gelatineblätter ausdrücken und auflösen. Etwas von der Schmandcreme in die aufgelöste Gelatine rühren und anschließend in diese Masse in die restliche Schmandcreme rühren. Die Sahne unterheben und die Creme auf der Torte verteilen. Nochmals für mind. 1 Std. kühl stellen.
5. Für den Guss den Apfelsaft mit dem Tortenguss verrühren und aufkochen lassen. Etwas abkühlen lassen und über die Torte verteilen. Nach Belieben mit Sahnetupfern verzieren.

Beerige Kronentorte

Zutaten:

Biskuit:

4 Eier
150 g Zucker
2 EL Vanillezucker
150 g Mehl
1 TL Backpulver
1 EL Kakao

Füllung:

6 Blatt Gelatine
300 g Sahne
300 g Schmand
100 g Zucker
3 EL Vanillezucker
1 EL Zitronensaft
300 g gemischte Beeren

Zum Verzieren:

100 g gemischte Beeren
Puderzucker

Zubereitung:

1. Für den Biskuit die Eier mit Zucker und Vanillezucker schaumig rühren. Das Mehl mit Backpulver und Kakao mischen und unter die Schaummasse heben. Den Teig in eine am Boden mit Backpapier ausgelegte Springform (28 cm Ø) streichen und backen. **Backzeit: ca. 25 Min. bei 180 °C (160 °C Heißluft).**
2. Vom abgekühlten Biskuit einen dünnen Deckel (1 cm) abschneiden und diesen in Frischhaltefolie verpacken, damit er nicht austrocknet.
3. Für die Füllung die Gelatineblätter in kaltem Wasser einweichen. Die Sahne steif schlagen und 4 EL davon kühl stellen. Den Schmand mit Zucker, Vanillezucker und Zitronensaft verrühren. Die Gelatine ausdrücken und bei geringer Temperatur auflösen.
4. 2 bis 3 EL der Schmandmasse zur Gelatine geben und verrühren. Diese Masse in die gesamte Schmandmasse rühren und die restliche Sahne unterheben.
5. Den Biskuitboden mit einem Tortenring umschließen. Die Schmandmasse darauf verstreichen und die Beeren darüber verteilen. 1 Std. kühl stellen.
6. Den Biskuitdeckel in 12 Stücke schneiden und diese mit der Schnittfläche nach oben legen. Auf jedes Stück auf die Spitze und die breite Kante je einen kleinen Tupfer von der kühlgestellten Sahne geben.
7. Die Biskuitstücke mit der breiten Kante nach unten an den Tortenrand drücken. Die Spitzen über die Torte biegen und leicht festdrücken.
8. Die Torte mit Beeren und Puderzucker verzieren.

Erdbeer-Kuppeltorte

Psssst: Unsere geheime Lieblingstorte

Zutaten:

Biskuit:

4 Eier

100 g Zucker

90 g Mehl

30 g Speisestärke

½ TL Backpulver

Füllung:

800 g Erdbeeren

12 Blatt Gelatine

250 ml Sahne

500 g Quark 20 %

200 g Schmand

100 g Zucker

2 EL Vanillezucker

100 ml Eierlikör

Zum Verzieren:

100 ml Sahne

Pistazien

Zubereitung:

1. Für den Biskuit die Eier mit dem Zucker schaumig rühren. Das Mehl mit der Speisestärke und dem Backpulver mischen und unterheben. Den Teig in eine am Boden mit Backpapier ausgelegte Springform (26 cm Ø) geben und backen. **Backzeit: 25 Min. bei 180 °C (160 °C Heißluft).**
2. Vom abgekühlten Biskuit einen dünnen Deckel (ca. ⅓) abschneiden und würfeln.
3. Eine Schüssel, die am Rand ca. einen Durchmesser von 26 Ø cm hat, mit Klarsichtfolie auslegen. Die Erdbeeren waschen, putzen und ca. ⅔ davon in Scheiben schneiden. Die Schüssel mit den Erdbeerscheiben auslegen. Die restlichen Erdbeeren klein schneiden.
4. Für die Füllung die Gelatine in kaltem Wasser einweichen. Die Sahne steif schlagen. Den Quark mit dem Schmand, Zucker, Vanillezucker und Eierlikör verrühren. Die Gelatine gut ausdrücken und bei geringer Hitze auflösen. In die aufgelöste Gelatine 2 bis 3 EL der Tortencreme geben und glattrühren. Diese Masse in die restliche Creme rühren, dann die Sahne, die Erdbeerstücke und die Biskuitwürfel unterheben.
5. Die Creme vorsichtig auf die Erdbeeren geben. Den Biskuitboden darauflegen. Mind. 6 Std. kühl stellen.
6. Eine Tortenplatte auf den Boden legen und so die Torte stürzen. Die Folie entfernen und mit der aufgeschlagenen Sahne und den Pistazien verzieren.

Ein echter Hingucker ist diese Erdbeer-Rouladen-Torte

Erdbeer-Rouladen-Torte

Zutaten:

Biskuitroulade:

5 Eier
100 g Zucker
100 g Mehl
20 g Speisestärke
1 TL Backpulver
200 g Erdbeermarmelade

Füllung:

8 Blatt Gelatine
250 g Sahne
500 g Naturjoghurt
150 g Zucker
1 EL Zitronensaft

Belag:

400 g Erdbeeren

Guss:

250 ml roter Saft
1 Pck. Tortenguss klar

Zum Verzieren:

100 g Sahne

Zubereitung:

1. Für die Biskuitroulade die Eier mit dem Zucker schaumig rühren. Mehl, Speisestärke und Backpulver mischen und unterheben. Den Teig auf ein mit Backpapier ausgelegtes Backblech streichen und backen. **Backzeit: 8 bis 10 Min. bei 200 °C (180 °C Heißluft).**
2. Nach dem Backen auf ein mit Zucker bestreutes Tuch stürzen, das Backpapier abziehen. Die Biskuitplatte sofort mit der Marmelade bestreichen und aufrollen. Auskühlen lassen. Die Roulade in Scheiben schneiden und einen Teil davon als Boden in einen Tortenring legen. Die restlichen Scheiben als Rand einstellen.
3. Für die Füllung die Gelatine in kaltem Wasser einweichen. Die Sahne steif schlagen. Den Joghurt mit Zucker und Zitronensaft glatt rühren. Die nach Anleitung aufgelöste Gelatine unterrühren. Die Sahne unterheben. Die Creme auf den Biskuitscheiben verteilen und 4 Std. kühl stellen.
4. Die Erdbeeren waschen, putzen und evtl. halbieren. Auf der Torte verteilen.
5. Aus dem Saft und dem Tortenguss nach Anleitung einen Guss zubereiten und die Früchte damit überziehen. Kühl stellen.
6. Die Sahne steif schlagen und die Torte mit Sahnetupfen verzieren.

Ein echter Klassiker!

Frankfurter Kranz

Zutaten:

Biskuit:

5 Eier
150 g Zucker
120 g Mehl
80 g Speisestärke
1 TL Backpulver

Füllung:

500 ml Milch
1 Pck. Vanillepuddingpulver
2 EL Zucker
250 g weiche Butter
2 EL Eierlikör
200 g Aprikosen aus der Dose

Krokant:

25 g Butter
50 g Zucker
125 g gehackte Mandeln

Zubereitung:

1. Die Eier mit dem Zucker sehr schaumig rühren. Mehl mit Speisestärke und Backpulver mischen, über die Schaummasse sieben und vorsichtig unterziehen. In eine gut gefettete und ausgemehlte Kranzform (28 cm Ø) geben und backen. **Backzeit: ca. 25 bis 35 Min. bei 200 °C (180 °C Heißluft).**
2. Für die Füllung aus Milch, Puddingpulver und Zucker nach Anleitung einen Pudding kochen und abkühlen lassen. Die Butter schaumig rühren, den Pudding und den Eierlikör nach und nach unterrühren. Etwas für die Garnitur kühl stellen. Die Aprikosen abtropfen lassen und einige für die Garnitur beiseite legen.
3. Für den Krokant die Butter mit dem Zucker schmelzen und karamellisieren. Die Mandeln dazugeben und mit dem Karamell überziehen. Abkühlen lassen.
4. Den abgekühlten Kuchen einmal quer durchschneiden. Den unteren Ring mit der Hälfte der Buttercreme bestreichen und die Aprikosen darauf verteilen. Den anderen Ring daraufsetzen. Mit der restlichen Buttercreme rundum bestreichen, mit dem Krokant bestreuen.
5. Mit der kühl gestellten Buttercreme und den Aprikosen verzieren.

Johannisbeer-Käsetorte mit Äpfeln

Zutaten:

Mürbteig:

400 g Mehl
150 g Zucker
1 Prise Salz
250 g Butter
1 Ei

Streusel:

4 EL Mehl
2 EL Zucker
1 TL Zimt

Füllung:

750 g Magerquark
100 g Zucker
2 EL Zitronensaft
4 EL Speisestärke
3 Eier
250 g rote und schwarze Johannisbeeren
2 Äpfel (geschält und klein geschnitten)

Zubereitung:

1. Aus den Teigzutaten einen weichen Mürbteig herstellen. ⅓ des Teiges für den Boden einer gefetteten Springform (28 cm Ø) verwenden.
2. Aus ⅓ Mürbteig eine Rolle formen und mit der Teigrolle flach ausrollen. Den Teig am Rand der Form leicht andrücken (5 cm hoch) und in der Form kühl stellen.
3. Den restlichen Teig mit den Streuselzutaten zu Streuseln verarbeiten und ebenfalls kühl stellen.
4. Die Zutaten für die Füllung gut miteinander verrühren. Auf dem Teig verteilen, die Streusel darübergeben und backen. **Backzeit: 60 bis 70 Min. bei 185 °C (165 °C Heißluft).**

Mit Sahne und Johannisbeeren servieren!

Johannisbeertorte mit Löffelbiskuits

Zutaten:

Biskuit:

3 Eier
80 g Zucker
90 g Mehl
30 g Speisestärke
½ TL Backpulver

Belag:

5 EL Johannisbeergelee
8-10 Löffelbiskuits
6 Blatt Gelatine
250 g Sahne
300 g Joghurt
150 g Zucker
50 ml Eierlikör
300 g Johannisbeeren

Zum Verzieren:

steif geschlagene Sahne
Eierlikör
Johannisbeeren

Zubereitung:

1. Für den Biskuit die Eier mit dem Zucker schaumig rühren. Mehl, Speisestärke und Backpulver mischen und unterheben. Den Teig in eine gefettete, am Boden mit Backpapier ausgelegte Springform (26 cm Ø) füllen und backen. **Backzeit: ca. 30 Min. bei 180 °C (160 °C Heißluft).**
2. Den abgekühlten Boden mit einem Tortenring umschließen. Das Johannisbeergelee glatt rühren und auf den Boden streichen. Die Löffelbiskuits darauf verteilen.
3. Die Gelatine in kaltem Wasser einweichen. Die Sahne steif schlagen. Joghurt mit Zucker und Eierlikör glatt rühren. Die Gelatine ausdrücken, auflösen und mit etwas Creme verrühren.
4. Zur restlichen Creme geben und die Sahne unterrühren. Die Johannisbeeren unterheben. Auf dem Boden verteilen und die Torte kühl stellen.
5. Vor dem Servieren mit der Sahne, dem Eierlikör und den Johannisbeeren verzieren.

Tipp:

Beim Rührteig sollte man das Mehl vorsichtig von Hand unterheben. Durch das manuelle Unterheben wird der Rührteig viel lockerer und weicher.

Anleitung:

1

Die Backform rundherum mit Backpapier einschlagen.

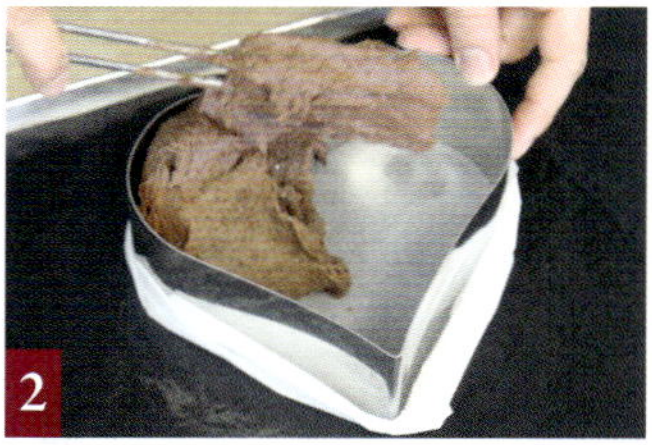

2

Die Teigmasse in die Backform füllen ...

3

... und nach Anleitung backen.

4

Den Kuchen mit der Ganache bestreichen ...

5

... und mit Beeren belegen.

6

Danach mit Tortenguss abstrei

Schokoherz mit Sommerbeeren

Zutaten für eine Herzform mit Ø 18 cm:

Rührteig:

75 g Butter
25 g Sahne
100 g Zucker
2 Eier
110 g Mehl
20 g Kakao
1 TL Backpulver
1 Prise Salz
½ Pck. Vanillezucker

Ganache:

80 g Sahne
130 ml dunkle Kuvertüre
15 g Nougat

Belag:

250 g gemischte Beeren (Himbeeren, Erdbeeren, Johannisbeeren, ...)
1 Pck. Tortenguss
40 g Schokospäne

Zubereitung:

1. Butter, Sahne und Zucker schaumig- schlagen. Nach und nach die Eier zugeben. Mehl, Kakao und Backpulver sieben und danach mit Salz und Vanillezucker vorsichtig von Hand unter die schaumige Masse heben.
2. Die Backform rundherum mit Backpapier einschlagen. Die Teigmasse in die Backform füllen. **Backzeit: ca. 30 Min. bei 200 °C (180 °C Heißluft).**
3. Sahne in einem Kochtopf aufkochen und die gehackte Kuvertüre und den Nougat unterrühren. Abkühlen lassen.
4. Die Hälfte der Ganache auf den Boden geben und mit den Früchten belegen. Die Früchte mit Tortenguss bestreichen. Torte aus der Form heben. Mit der restlichen Ganache an der Seite einstreichen und mit Schokospänen verzieren.

Adelinde Häussler vom Backdorf Häussler verrät, wie das Beerenherz perfekt gelingt.

Schokolade
macht
glücklich!

Schokokirschtraum

Zutaten:

Schokosahne:

750 g Sahne
150 g Zartbitterschokolade
1 EL Kakao

Biskuit:

6 Eier
120 g Zucker
140 g Mehl
30 g Speisestärke
30 g Kakao

Knusperboden:

80 g Butter
200 g Schokoplätzchen
4 EL dunkle Marmelade

Füllung:

1 Glas Kirschen (à 350 g)
1 EL Speisestärke

Zum Tränken:

3 EL Kirschwasser

Zum Verzieren:

etwas dunkle Kuvertüre

Zubereitung:

1. Am Vortag die Sahne erwärmen, die Schokolade klein hacken und mit dem Kakao einrühren. Die Sahne über Nacht kühl stellen.
2. Für den Biskuit die Eier mit dem Zucker cremig rühren. Das Mehl mit der Speisestärke und dem Kakao mischen. Über die Eiermasse sieben und unterheben. Den Teig in eine gefettete Springform (26 cm Ø) geben und backen. **Backzeit: 30 Min. bei 180 ° C (160 °C Heißluft).**
3. In der Zwischenzeit den Knusperboden herstellen. Dafür die Butter schmelzen. Die Schokoplätzchen fein zerbröseln und in die geschmolzene Butter mischen. Die Masse in einen Tortenring (26 cm Ø) drücken. Den Boden fest werden lassen und mit der Marmelade bestreichen.
4. Für die Füllung die Kirschen abgießen und den Saft auffangen. 2 EL vom Saft wegnehmen und mit der Speisestärke glatt rühren. Den restlichen Saft erhitzen, die angerührte Speisestärke einrühren, die Kirschen dazugeben und einmal aufkochen lassen. Die Kirschmasse abkühlen lassen. 12 Kirschen zum Verzieren wegnehmen.
5. Den Tortenboden in der Mitte durchschneiden. Einen Boden auf den Knusperboden geben. Den Boden mit der Hälfte des Kirschwassers tränken. Die Kirschen darauf verteilen. Die Schokosahne steifschlagen und ¼ davon auf den Kirschen verteilen.
6. Den zweiten Boden darauflegen. Diesen Boden mit dem restlichen Kirschwasser tränken. Etwas von der Schokosahne zum Verzieren wegnehmen. Mit der restlichen Sahne die Torte rundherum bestreichen. Mit der geschmolzenen Kuvertüre die Torte verzieren und mit der restlichen Sahne und den Kirschen garnieren.

Tipp:

Schokoladendekor kann man leicht selber machen. Einfach aus einem Marzipanrest Herzen ausstechen und diese mit geschmolzener Schokolade überziehen.

Schokoladen-Orangen-Torte

Zutaten:

Rührteig:

100 g Zartbitterschokolade
150 g Butter
150 g Zucker
1 EL Vanillezucker
3 Eier
200 g Mehl
2 TL Backpulver
2 EL Kakao
3–4 EL Amaretto

Füllung:

4 EL Orangenlikör
150 g Marzipan
2 EL Puderzucker
150 g Orangenmarmelade

Überzug:

150 g Zartbitter-Kuvertüre
100 g Kuchenglasur dunkel

Zum Verzieren:

steifgeschlagene Sahne
Schokoladendekor

Zubereitung:

1. Für den Teig die Schokolade klein hacken und im Wasserbad schmelzen. Die Butter mit dem Zucker und dem Vanillezucker schaumig rühren. Die Eier nach und nach zugeben.
2. Das Mehl mit dem Backpulver und dem Kakao mischen. Mit dem Amaretto und der Schokolade unterrühren.
3. Den Teig in eine gefettete Springform mit 26 cm Ø geben und backen. **Backzeit: 40 bis 45 Min. bei 180 °C (160 °C Heißluft).**
4. Den abgekühlten Boden einmal durchschneiden. Den unteren Teil mit der Hälfte des Orangenlikörs tränken. Das Marzipan mit dem Puderzucker verkneten und zu zwei Böden mit 26 cm Ø dünn ausrollen.
5. Einen Marzipanboden auf den getränkten Tortenboden geben. Mit der Hälfte der Orangenmarmelade bestreichen und den zweiten Tortenboden daraufsetzen. Diesen mit dem restlichen Orangenlikör tränken, mit der restlichen Orangenmarmelade bestreichen und den zweiten Marzipanboden darauflegen.
6. Für den Überzug die Kuvertüre klein hacken und mit der Kuchenglasur im Wasserbad schmelzen. Die Torte damit überziehen. Fest werden lassen.
7. Mit Sahnetupfern und Schokoladendekor verzieren.

Schokoladig,
sahnig,
fruchtig und
unwiderstehlich
lecker!

Schwarzwälder Kirschroulade

Zutaten:

Biskuit:

5 Eier
100 g Zucker
1 EL Vanillezucker
100 g Mehl
½ TL Backpulver
30 g Kakao

Zum Bestreuen:

1–2 EL Vanillezucker

Füllung:

1 Glas Kirschen (à 350 g)
2 EL Zucker
3 EL Speisestärke
500 g Sahne

Zum Bestreuen:

Raspelschokolade

Zubereitung:

1. Für den Biskuit die Eier mit dem Zucker und dem Vanillezucker sehr schaumig rühren. Das Mehl mit Backpulver und Kakao mischen, darübersieben und vorsichtig unterheben. Den Teig auf ein mit Backpapier ausgelegtes Backblech streichen und backen. **Backzeit: 10 bis 12 Min. bei 200 °C (180 °C Heißluft).**
2. Die Biskuitplatte sofort nach dem Backen auf ein mit Vanillezucker bestreutes Tuch stürzen. Das Backpapier abziehen und das heiße Backblech für 15 Min. auf die Biskuitplatte legen. Anschließend mit dem Tuch aufrollen und abkühlen lassen.
3. Für die Füllung die Kirschen abgießen und den Saft auffangen. 3 EL Kirschsaft entnehmen und mit dem Zucker und der Speisestärke glatt rühren. Den restlichen Saft mit den Kirschen erhitzen und die Speisestärke unterrühren. Einmal aufkochen, dann abkühlen lassen. Einige Kirschen für die Garnitur entnehmen.
4. Die Sahne steif schlagen.
5. Die Roulade ausrollen und die Kirschen und die Hälfte der Sahne abwechselnd auf der Roulade verteilen. Die Roulade aufrollen, mit der restlichen Sahne bestreichen und verzieren. Mit Raspelschokolade bestreuen und mit den restlichen Kirschen verzieren.

Weiße Schokotorte mit Erdbeeren

Zutaten:

Schokosahne:

300 g Sahne,
150 g weiße Schokolade

Biskuit:

4 Eier
100 g Zucker
1 Prise Salz
50 g Mehl
90 g Speisestärke
½ TL Backpulver

Füllung,

200 g Erdbeeren

Zum Bestreuen:

weiße Schokoraspel

Zubereitung:

1. Am Vortag die Sahne erwärmen, die Schokolade klein hacken und einrühren. Die Schokosahne über Nacht kühl stellen.
2. Für den Biskuit die Eier mit Zucker und Salz schaumig rühren. Mehl, Speisestärke und Backpulver mischen und unterheben. Den Teig in eine gefettete Springform (26 cm Ø) füllen und backen. **Backzeit: ca. 30 Min. bei 180 °C (160 °C Heißluft).**
3. Die Erdbeeren waschen, putzen und klein schneiden.
4. Vom Biskuit einen 1 cm hohen Deckel abschneiden. Den unteren Boden leicht aushöhlen. Den Deckel und das Ausgehöhlte leicht zerbröseln.
5. Die Schokosahne steif schlagen. Die Erdbeeren und die Biskuitbrösel unterheben. Die Creme auf den Biskuitboden streichen. Dick mit Schokoraspeln bestreuen.

Form-vollendet

Backen macht Freude

Lieblingsrezepte
für
Minikuchen
und mehr

Apfel-Nuss-Muffins

Zutaten:

Rührteig:

2 Äpfel
2 Eigelb
150 g Zucker
250 ml Milch
80 ml Öl
250 g Mehl
3 TL Backpulver
75 g gemahlene Walnüsse

Häubchen:

2 Eiweiß
100 g Zucker
3 EL gemahlene Walnüsse

Außerdem:

Muffin-Form mit 12 Mulden
12 Papierförmchen

Zubereitung:

1. Die Äpfel schälen und grob raspeln. Die Eigelb mit dem Zucker schaumig rühren. Die Milch mit dem Öl mischen und unterrühren.
2. Das Mehl mit dem Backpulver und den Walnüssen mischen und unterheben. Die Apfelraspel ebenfalls unterheben.
3. Die Papierförmchen in eine Muffin-Form geben, mit dem Teig befüllen und backen. **Backzeit: 20 Min. bei 180 °C (160 °C Heißluft).**
4. In der Zwischenzeit das Eiweiß steif schlagen, den Zucker einrieseln lassen, weiterschlagen, bis eine feste, glänzende Masse entstanden ist. Die Walnüsse unterheben.
5. Mit einem Spritzbeutel Häubchen auf die Muffins spritzen und weiterbacken. **Backzeit: 10 bis 15 Min. bei 180 °C (160 ° Heißluft).**

Birnen-Mohn-Muffins

Zutaten:
1 feste Birne

Rührteig:
3 Eier
120 g Zucker
100 g Butter
1 EL Vanillezucker
25 g gemahlener Mohn
80 g gemahlene Haselnüsse
150 g Mehl
½ Pck. Backpulver

Zum Bestäuben:
Puderzucker

Außerdem:
Muffin-Form mit 12 Mulden
12 Papierförmchen

Zubereitung:

1. Die Birne schälen und grob raspeln.
2. Die Eier trennen und das Eiweiß mit 50 g Zucker steifschlagen.
3. Die Butter mit dem restlichen Zucker und dem Vanillezucker schaumig rühren. Das Eigelb unterrühren. Den Mohn mit den Nüssen, dem Mehl und dem Backpulver mischen und bei mittlerer Stufe unterrühren. Den Eischnee und die Birne unterheben.
4. Den Teig in Muffin-Förmchen geben und backen. **Backzeit: 20 bis 25 Min. bei 190 °C (170 °C Heißluft).**
5. Vor dem Servieren mit Puderzucker bestäuben.

Schmeckt immer:
ob warm oder kalt,
als Dessert oder
zwischendurch

Birnen-Streusel-Gratin

Zutaten:

Streusel:

150 g Butter
150 g Mehl
100 g Zucker
½ TL Zimt

Füllung:

2–3 Birnen
1 EL Zitronensaft
1 EL Vanillezucker

Zum Bestäuben:

Puderzucker

Zubereitung:

1. Für die Streusel die Butter schmelzen und leicht abkühlen lassen. Das Mehl, den Zucker und den Zimt mit den Knethaken des Handrührgerätes unterrühren und 30 Min. kühl stellen.
2. Die Birnen schälen, vierteln und entkernen. In feine Spalten schneiden. Sofort mit dem Zitronensaft beträufeln und in eine gefettete Auflaufform geben. Den Vanillezucker darüberstreuen. Die Streusel darüber verteilen und goldbraun backen. **Backzeit: 25 bis 30 Min. bei 190 °C (170 °C Heißluft).**
3. Lauwarm mit dem Puderzucker bestäubt servieren.

Tipp: Schmeckt auch sehr gut mit Zwetschgen.

Erdbeermuffins

Zutaten:

Rührteig:

1 Ei
100 g Zucker
1 EL Vanillezucker
70 ml Öl
50 ml Milch
120 g Mascarpone
200 g Mehl
1 Pck. Backpulver

Füllung:

150 g Erdbeeren
150 g Sahne
130 g Mascarpone,
50 g Zucker
2 EL Vanillezucker

Außerdem:

Muffin-Form mit 12 Mulden
12 Papierförmchen

Zubereitung:

1. Das Ei mit dem Zucker und Vanillezucker verrühren. Das Öl, die Milch und die Mascarpone unterrühren. Das Mehl mit dem Backpulver mischen und unter den Teig heben. Die Papierförmchen in die Muffin-Form geben, mit dem Teig füllen und backen. **Backzeit: 20 bis 30 Min. bei 200 °C (180 °C Heißluft).**
2. Die Muffins abkühlen lassen.
3. Die Erdbeeren waschen, putzen und klein schneiden. Ein paar Erdbeerstücke zum Verzieren beiseite legen. Für die Füllung jeden Muffin aushöhlen und das Innere zerbröseln. Die Sahne steif schlagen und etwas zum Verzieren beiseite stellen. Den Mascarpone mit Zucker und Vanillezucker glattrühren. Die Sahne, die Muffinbrösel und die Erdbeeren unterheben.
4. Die Muffins mit der Masse füllen. Kurz kühlstellen und vor dem Servieren mit der restlichen Sahne und den Erdbeeren verzieren.

Tipp:

Für eine alkoholfreie Variante den Glühwein durch alkoholfreien Punsch oder Traubensaft ersetzen.

Glühwein-Cupcakes

utaten für 12 Muffin-Formen:

Glühweinteig:

75 g Zartbitterschokolade
175 g weiche Butter
175 g Zucker
1 Pck. Vanillezucker
1 Prise Salz
1 Bio-Orange (abgeriebene Schale)
2 Eier
200 g Mehl
2 TL Backpulver
¼ TL Spekulatiusgewürz
100 ml Glühwein

Mascarpone-Creme:

200 g Mascarpone
2–3 EL Ahornsirup
Spekulatiusgewürz nach Belieben
150 ml Schlagsahne
10 g Puderzucker

Zum Verzieren:

etwas Zimt
gebrannte Mandeln

Gebrannte Mandeln

100 ml Wasser in eine beschichtete Pfanne geben, 200 g Zucker, 1 Pck. Vanillezucker und 1 TL Zimt einrühren, kurz aufkochen lassen. 200 g ungeschälte Mandeln zugeben. Weiterkochen und ständig umrühren, bis das Wasser verdunstet ist. Auf mittlerer Hitze weiterrühren, bis der Zucker vollständig karamellisiert. Die Mandeln auf ein Blech mit Backpapier geben und abkühlen lassen.

Zubereitung:

1. Für den Glühweinteig die Schokolade grob hacken, im Wasserbad schmelzen und abkühlen lassen.
2. In einer Rührschüssel die Butter cremig rühren, den Zucker, den Vanillezucker, das Salz und die Orangenschale dazugeben und aufschlagen. Die Eier einzeln unterrühren, anschließend die Schokolade zugeben.
3. Das Mehl, das Backpulver und das Gewürz mischen. Die Mehlmischung und den Glühwein abwechselnd unter den Teig rühren.
4. Den Teig gleichmäßig in den 12 Mulden der mit Papierförmchen ausgelegten Muffinform verteilen und backen. **Backzeit: 20 bis 25 Min. bei 180 °C (Heißluft 160 °C).**
5. Die Cupcakes aus dem Ofen nehmen, 5 Min. in der Form abkühlen lassen, dann herausnehmen und auf einem Kuchengitter vollständig auskühlen lassen.
6. Für die Mascarpone-Creme den Mascarpone mit dem Ahornsirup glatt rühren und mit dem Spekulatiusgewürz abschmecken. Die Sahne steifschlagen und den Puderzucker einrieseln lassen, dann unter den Mascarpone heben.
7. Die Creme in einen Spritzbeutel mit Sterntülle füllen und auf die abgekühlten Cupcakes spritzen. Diese mit etwas Zimt bestäuben und jeweils mit ein paar gebrannten Mandeln dekorieren.

Haferkuchen »Aurelia« mit Obst

Zutaten:

150 g weiche Butter
120 g Rohrzucker
1 Prise Steinkristallsalz
2 TL Rosen-Vanillezucker
4 Eier
130 g Brenntermehl fein
150 g Dinkelmehl
2 TL Backpulver
etwas Zitronenabrieb
Zimt und Mandelblättchen
3–4 Äpfel (od. Obst nach Saison)

Zubereitung:

1. Die Butter schaumig rühren und nach und nach den Zucker zugeben. Die Eier einzeln zugeben.
2. Das Brenntermehl, das Dinkelmehl, das Backpulver, den Zimt und den Zitronenabrieb mischen und anschließend unter die Masse rühren.
3. Obst waschen, zerkleinern und auf der Teigmasse verteilen und backen. **Backzeit: 35 bis 40 Min. bei 170 °C (140 °C Heißluft).**
4. Nach Belieben mit Mandelblättchen bestreuen.

Himmlischer Grießauflauf

Zutaten:

2 Äpfel
Zitronensaft
2 Eier
60 g Zucker
2 EL Vanillezucker
250 g Quark (20 %)
50 g Weichweizengrieß

Zum Bestreuen:

2 EL Vanillezucker

Zubereitung:

1. Die Äpfel waschen, vierteln, entkernen und in Spalten schneiden. Sofort mit etwas Zitronensaft beträufeln.

2. Die Eier trennen. Das Eiweiß steif schlagen. Eigelb mit Zucker und Vanillezucker cremig rühren. Den Quark und den Grieß unterrühren. Das Eiweiß unterheben.

3. Die Masse in gefettete, ofenfeste Förmchen oder eine Auflaufform füllen. Die Äpfel darauf verteilen, mit dem Vanillezucker bestreuen und backen. **Backzeit: ca. 30 Min. bei 180 °C (160 °C Heißluft).**

Johannisbeertörtchen

Zutaten:

Mürbteig:

150 g Mehl
80 g Zucker
50 g kalte Butter
1 kleines Ei

Belag:

50 g Schokolade
150 g Sahne
1 Pck. Sahnesteif
80 g Zucker
100 g Schmand
1 EL Vanillezucker
0 g schwarze u. rote Johannisbeeren

Zum Bestäuben:

Puderzucker

Zubereitung:

1. Aus den Teigzutaten einen Mürbteig zubereiten. 30 Min. kühl stellen.
2. Die Tarteletten-Förmchen fetten. Den Teig dünn ausrollen, die Förmchen damit auslegen und goldbraun backen. **Backzeit: 25 bis 30 Min. bei 180 °C (160 °C Heißluft).** Abkühlen lassen.
3. Die Schokolade klein hacken und im Wasserbad schmelzen. Die Tarteletten mit der Schokolade bestreichen. Die Sahne mit dem Sahnesteif und dem Zucker und steifschlagen. Den Schmand, den Vanillezucker und die Johannisbeeren unterheben.
4. Die Früchtecreme auf den Tarteletten verteilen, mit Puderzucker bestäuben und mit den restlichen Johannisbeeren verzieren.

Kleine Leckerei
statt
große Torte

Kirsch-Cupcakes

Zutaten:

Rühreig:

1 Tafel Zartbitterschokolade (davon 75 g)
175 g weiche Butter
150 g Zucker
1 Pack Vanillezucker,
1 Prise Salz
3 Eier
200 g Mehl
2 TL Backpulver
2 EL Kakaopulver
50 ml Milch
1 EL Kirschwasser

Kirschfüllung:

½ Pck. Tortenguss klar
150 ml Kirschsaft
2 EL Zucker
24 entsteinte Kirschen
1 EL Kirschwasser

Zum Verzieren:

300 g Sahne
1 Pck. Vanillezucker
1 Pck. Sahnesteif
raspelte Zartbitterschokolade (s.o.)
12 Kirschen

Außerdem:

12 Muffinform mit 12 Mulden
12 Papierförmchen

Zubereitung:

1. 25 g Schokolade mit dem Sparschäler raspeln und beiseite stellen. Die restliche Schokolade im Wasserbad schmelzen und abkühlen lassen.
2. Die weiche Butter, Zucker, Vanillezucker und das Salz cremig rühren. Die Eier einzeln unterrühren. Mehl, Backpulver und Kakao zusammen sieben. Die Mehlmischung und die Milch abwechselnd unter den Teig rühren. Die flüssige Schokolade und das Kirschwasser untermischen.
3. Eine 12er Muffinform mit Papierförmchen auslegen. Den Teig gleichmäßig in die Förmchen verteilen und backen. **Backzeit: 20 bis 25 Min. bei 180 °C (160 °C Heißluft).** Die Cupcakes 5 Min. in der Form abkühlen lassen, dann herausnehmen und auf einem Kuchengitter auskühlen lassen.
4. Für die Füllung das Tortengusspulver mit 3 EL Kirschsaft glattrühren. Den restlichen Kirschsaft mit dem Zucker aufkochen, das Tortengusspulver einrühren und unter Rühren 1 Min. köcheln lassen. Die Kirschen dazu geben und 3 Min. köcheln lassen. Das Kirschwasser dazu geben, alles vom Herd nehmen und abkühlen lassen.
5. Die abgekühlten Cupcakes mit einem Apfelentkerner aushöhlen, den Deckel aufbewahren. In jede Mulde etwas Kirschfüllung (2 Kirschen) geben und den Deckel daraufsetzen.
6. Die Sahne mit dem Vanillezucker und dem Sahnesteif schlagen und in einen Spritzbeutel mit Sterntülle füllen. Auf jeden Cupcake ein Sahnehäubchen spritzen, dieses mit den Schokoraspeln bestreuen und mit einer Kirsche dekorieren.

Feines aus dem Glas

Selbstgemacht
& mitgebracht –
darüber freut sich
jeder.

Tipp:
Wer keine Weckgläser zu Hause hat, kann auch Marmeladengläser benutzen.

Eierlikör-Küchlein im Weckglas

Zutaten:
3 kleine Eier
125 g Zucker
125 ml Speiseöl, geschmacksneutral
125 ml Eierlikör
125 g Mehl
½ Pck. Backpulver
4 Weckgläser à 290 ml

Zubereitung:

1. Den Backofen auf 180 °C vorheizen. Die Gläser mit Butter oder Margarine einfetten und mit Mehl bestreuen.
2. Die Eier, den Zucker sowie das Öl mit einem Mixer verquirlen. Eierlikör langsam unter Rühren zugeben. Mehl und Backpulver beigeben und zu einem glatten Teig verarbeiten. Dann den Teig halbhoch in die Weckgläser füllen.
3. Die Kuchengläser in den Backofen stellen und backen. **Backzeit: ca. 35 Min. bei 180 °C (160 °C Heißluft).**

Dies ist ein echtes Blitzrezept, der Kuchen schmeckt luftig und locker.

Frankfurter Kranz

Zutaten für 12 Weckgläser:

Rouladenboden:

250 g Hobby-Roll
4 Eier
50 g kaltes Wasser

Buttercreme:

250 g Buttercremepulver
375 ml Wasser
250 g Butter (Raumtemperatur)

Außerdem:

Ausstecher-Set glatt in der Dose (4cm und 4,5cm)
300 g Himbeer- od. Johannisbeermarmelade
ca. 150 g Haselnuss-Krokant

Zubereitung:

1. Den Rouladenboden nach Anleitung herstellen, auski lassen und 12 Kreise mit dem kleineren runden Ausste (4 cm) ausstechen, mit dem größeren Ausstecher 24 K ausstechen (4,5 cm) und luftdicht verpacken.

2. Buttercreme nach Anleitung herstellen, den kleinen R ladenboden in die Weckgläser legen, die Buttercreme ⅔ in einen Einmalspritzbeutel mit 10 mm Lochtülle füllen und auf den Rouladenboden aufdressieren, dün mit Haselnusskrokant bestreuen.

3. Den größeren Boden einlegen, die Marmelade in eine Spritzbeutel geben, Spitze dünn abschneiden und in d Weckglas aufspritzen.

4. Buttercreme aufdressieren, Krokant aufstreuen und d letzten Boden einlegen, Buttercreme einfüllen und Kr kant aufstreuen.

5. Einen Spritzbeutel mit einer 6 mm Sterntülle vorbere und ⅓ Buttercreme einfüllen, eine kleine Rosette sprit und mit einem kleinen Tupfen Marmelade ausdekorie

HOBBY BÄCKER
Einzigartig. Lecker.
Gutschein Code:
10€
Gutschein
Entdecken Sie über 2000 Artikel
auf www.hobbybäcker.de oder ford
Katalog an! Service-Telefon
Hobbybäcker Versand GmbH | Am

Himbeer-Limetten-Käseküchlein

Zutaten für 6 Personen:

Keksboden:

30 g Butter
100 g Vollkornbutterkekse
1 EL Zucker

Creme:

200 g Frischkäse (Doppelrahmstufe)
120 g Zucker
1 Bio-Limette
200 g Schlagsahne
1 Pck. Vanillezucker
1 Pck. Sahnesteif
250 g Himbeeren

Zum Verzieren:

Limettenscheiben
Minzblättchen

Zubereitung:

1. Für den Boden die Butter schmelzen. Die Vollkornbutterkekse in einen Gefrierbeutel geben, gut verschließen und mit dem Nudelholz über die Kekse rollen, bis sie fein-krümelig sind. Die Kekskrümel in einer kleinen Schüssel mit der geschmolzenen Butter und dem Zucker vermengen, dann gleichmäßig auf 6 Dessertgläschen verteilen und festdrücken.
2. Für die Creme den Frischkäse, den Zucker, den Abrieb der Limette und 2 EL Limettensaft mit einem Löffel verrühren – nicht mit dem Rührgerät, da die Masse sonst zu flüssig wird. Die Sahne steif schlagen, dabei den Vanillezucker und den Sahnefestiger einrieseln lassen. Anschließend die Schlagsahne unter die Frischkäsemasse heben. 200 g Himbeeren leicht mit einer Gabel zerdrücken und auch vorsichtig unter die Frischkäse-Sahne-Creme heben.
3. Die Himbeer-Limetten-Creme in einen Spritzbeutel füllen und auf dem Krümelboden in den Gläsern verteilen. Die Gläser mit Frischhaltefolie abdecken und etwa 2 Std. kalt stellen.
4. Die Himbeer-Limetten-Käseküchlein mit den restlichen Himbeeren, den Limettenscheiben und den Minzblättchen garnieren und servieren.

Trifles sind gut vorzubereiten und sehr variabel.

Himbeer-Trifle mit Pistazien

Zutaten für 6 Personen:

Brownie-Teig:

100 g Zartbitterschokolade (50% Kakaoanteil)
50 g Butter
90 g Zucker
1 Pck. Vanillezucker
1 Ei
75 g Mehl
1 Prise Salz

Pistazien-Creme:

250 g Mascarpone
25 g gemahlene Pistazien
50 g Puderzucker
2 EL Limettensaft
400 ml Schlagsahne
1 Pck. Vanillezucker

Außerdem:

250 g Himbeeren
etwas gehackte Pistazien

Zubereitung:

1. Für den Brownie eine quadratische Auflaufform (18x18 cm) gut fetten oder mit Backpapier auslegen.
2. Die Schokolade zerkleinern, mit der Butter im Wasserbad schmelzen, in eine Rührschüssel geben und etwas abkühlen lassen. Zuerst den Zucker und den Vanillezucker, dann das Ei gut unterrühren. Das Mehl und die Prise Salz hinzugeben. Den Teig in die Backform geben, glattstreichen und im vorgeheizten Ofen backen. **Backzeit: 15 bis 20 Min. bei 180° C (160°C Heißluft).**
3. Den Brownie vollständig auskühlen lassen, dann in etwa 1 cm große Würfel schneiden.
4. Für die Pistazien-Creme den Mascarpone mit den Pistazien, dem Puderzucker und dem Limettensaft glatt rühren. Die Schlagsahne steifschlagen und den Vanillezucker einrieseln lassen. Die geschlagene Sahne unter die Creme heben und in einen Spritzbeutel mit Lochtülle geben.
5. Das Trifle schichtweise auf 6 Dessertgläser verteilen. Mit jeweils einer Lage Brownie-Würfel beginnen, dann eine Schicht Pistazien-Creme darüberspritzen, Himbeeren darauf verteilen, gefolgt von einer weiteren Lage Brownie-Würfel. Mit einer Schicht Pistazien-Creme abschließen.
6. Jedes Trifle mit einem Brownie-Würfel, 1 bis 2 Himbeeren und etwas gehackten Pistazien verzieren, vor dem Servieren etwa 30 Min. im Kühlschrank ziehen lassen.

Schokokuchen im Glas

Zutaten:

100 g Zartbitterschokolade
50 g Butter
2 Eier
80 g Zucker
1 EL Vanillezucker
50 g Mehl
Puderzucker
Schokolade
Nüsse
6–7 ofenfeste Gläser à 230 ml

Zubereitung:

1. Die Schokolade klein hacken, mit der Butter im Wasserbad schmelzen und abkühlen lassen. Die Eier mit dem Zucker und dem Vanillezucker schaumig rühren. Die Schokoladenbuttermasse nach und nach dazugeben. Das Mehl unterheben. Den Teig bis zur Hälfte in die gefetteten Gläser geben und backen. **Backzeit: 20 bis 30 Min. bei 190 °C (170 °C Heißluft).**
2. Abkühlen lassen, mit dem Puderzucker bestäuben und mit etwas geschmolzener Schokolade und den Nüssen verzieren.

Schokotraum

Zutaten:

200 g Sahne
80 g weiße Schokolade
150 g Schokobiskuit oder Schokoplätzchen
3 EL Preiselbeeren

Zubereitung:

1. Die Sahne erwärmen, die zerkleinerte Schokolade darin schmelzen. Über Nacht kühl stellen.
2. Am nächsten Tag steif schlagen. In einen Spritzbeutel mit Sterntülle füllen.
3. Den Biskuit oder die Plätzchen in Stücke brechen. Mit Preiselbeeren bestreichen und einen Teil davon in Gläser geben. Etwas Schokosahne daraufspritzen. Mit den restlichen Zutaten so fortfahren, bis alles aufgebraucht ist.

Weiße Schokocreme
mit Erdbeeren

Zutaten für 6–8 Gläser:

Mousse:

100 g weiße Schokolade
250 g Quark 20 %
50 g Zucker
200 g Sahne
200 g Erdbeeren
2 EL Zucker

Zum Verzieren:

Pistazienkerne

Zubereitung:

1. Die Schokolade in Stücke brechen und im Wasserbad schmelzen. Abkühlen lassen.
2. Mit dem Quark und dem Zucker verrühren. Die Sahne steif schlagen, 3 EL für die Garnitur beiseitestellen, den Rest unterheben.
3. Die Erdbeeren fein würfeln. Ein paar Stücke für die Garnitur beiseite legen. Die restlichen Erdbeeren mit dem Zucker vermischen. Die Hälfte in Gläsern verteilen. Die Schokocreme darüber verteilen und nochmals Erdbeeren darübergeben.
4. Mit der restlichen Sahne und den Erdbeerstücken verzieren. Mit Pistazienkernen bestreuen.

Zitronen-Erdbeer-Kuchen

Zutaten für 6–8 Gläser:

70 g Butter
70 g Zucker
Salz
1 Ei
70 g Weizenmehl Type 550
1 gestr. TL Backpulver
aft und Schale einer halben Zitrone

Joghurtcreme:

150 g Joghurt
1 EL Honig
aft und Schale einer halben Zitrone
150 g geschlagene Sahne
200 g Erdbeeren
Minze

Zubereitung:

1. Butter, Zucker, Zitronenschale und Salz schaumig aufschlagen. Ei zugeben und gut unterrühren. Mehl und Backpulver mischen, sieben und im Wechsel mit dem Zitronensaft unterrühren.
2. Den Teig in Gläser füllen (50 g pro Glas) und glattstreichen. **Backzeit: 10 Min. bei 190 °C (170 °C Heißluft).**
3. Joghurt, Honig, Saft und Schale der Zitrone glattrühren, die geschlagene Sahne unterheben und kalt stellen.
4. Auf den erkalteten Zitronenkuchen die klein geschnittenen Erdbeeren anrichten und mit der Joghurtcreme bedecken. Mit frischen Früchten und Minze garnieren.

Kleine Naschereien

...zum Kaffeeklatsch

Wenn ganz
spontan die Lust
auf Kuchen kommt,
dann sind diese
Köstlichkeiten ganz
schnell gemacht.

Süß, bunt und der Hit bei Kindergeburtstagen.

Amerikaner

Zutaten für ca. 20 Stück:

Rührteig:

200 g Butter
100 g Zucker
2 Eier
1 Pck. Sahnepuddingpulver
280 g Mehl
2 TL Backpulver
3 EL Milch

Guss:

150 g Puderzucker
2–3 EL Zitronensaft

Zum Verzieren:

bunte Schokolinsen

Zubereitung:

1. Für den Rührteig die Butter mit dem Zucker schaumig rühren. Die Eier nach und nach zugeben. Das Puddingpulver mit dem Mehl und Backpulver vermischen und mit der Milch unterrühren. Kleine Häufchen auf ein mit Backpapier ausgelegtes Backblech setzen und backen.
   Backzeit: 15 bis 20 Min. bei 170 °C (150 °C Heißluft).
2. Puderzucker mit Zitronensaft mischen, die Amerikaner damit bestreichen und mit bunten Schokolinsen verzieren.

Tipp:

Amerikaner sind ein beliebtes Gebäck an Kindergeburtstagen. Besonders, wenn sie mit bunten Streuseln oder Schokolinsen verziert sind.

Feine Nascherei ganz ohne Gluten.

Buchweizenhupferl mit Buttercreme

Zutaten:

Rührteig:

3 Eier
150 g Puderzucker
1 EL Vanillezucker
150 g Buchweizenmehl
2 TL Backpulver
150 ml Eierlikör
150 ml Rapsöl

Füllung:

80 ml Milch
1 TL Vanillepuddingpulver
1 EL Vanillezucker
50 g zimmerwarme Butter
1 EL Vanillezucker
40 g Puderzucker
Preiselbeeren (aus dem Glas)

Zum Verzieren:

Preiselbeeren
Puderzucker

Zubereitung:

1. Die Eier mit Puderzucker und Vanillezucker schaumig rühren. Das Buchweizenmehl mit dem Backpulver mischen, mit dem Eierlikör und dem Öl unter die Schaummasse rühren. Den Teig in kleine Guglhupf-Förmchen füllen und backen. **Backzeit: 25 bis 30 Min. bei 170 °C (150 °C Heißluft).**
2. Aus Milch, Puddingpulver und Vanillezucker nach Anleitung einen Pudding zubereiten. Den Pudding abkühlen lassen, dabei gelegentlich umrühren.
3. Die Butter mit Vanillezucker und Puderzucker geschmeidig rühren und den Pudding löffelweise zufügen. Der Pudding sollte die gleiche Temperatur wie die Butter haben, da die Buttercreme sonst gerinnt.
4. Bei jedem Guglhupferl in die Mulde ½ TL Preiselbeeren geben. Die Buttercreme in einen Spritzbeutel mit kleiner Sterntülle füllen und daraufspritzen. Mit Preiselbeeren verzieren und mit Puderzucker bestäuben.

Nusshörnchen

Zutaten:

Knetteig:

400 g Mehl
6 Eigelb
200 g Butter
150 g Sauerrahm

Füllung:

4 Eiweiß
250 g Zucker
280 g gemahlene Nüsse (Mandeln, Haselnüsse oder Walnüsse)

Zum Bestäuben:

Puderzucker

Zubereitung:

1. Die Zutaten für den Teig mit den Knethaken des Handrührgerätes zu einem elastischen Teig verarbeiten. Kurz kühl stellen.

2. Für die Füllung das Eiweiß mit dem Zucker steif schlagen. Die Nüsse unterheben.

3. Den Teig in mehrere Portionen teilen und jeweils dünn zu einem Kreis von ca. 20 cm Ø ausrollen. Jeden Kreis in 8 bis 10 Kuchenstücke einteilen. Auf jedes dieser Dreiecke am breiteren Rand etwas von der Füllung verteilen und zu kleinen Hörnchen aufrollen.

4. Die Hörnchen auf ein mit Backpapier ausgelegtes Backblech legen und backen. **Backzeit: ca. 20 Min. bei 180 °C (160 °C Heißluft).**

5. Abkühlen lassen und mit Puderzucker bestäuben.

Nusskranz

Zutaten:

Mürbteig:

300 g Mehl

100 g Zucker

1 EL Vanillezucker

100 g Butter

1 Ei

Füllung:

200 g gemahlene Mandeln

100 g Zucker

1 Ei

3–5 EL Amaretto

Zum Bestäuben:

Puderzucker

Zubereitung:

1. Aus den Teigzutaten einen Mürbteig herstellen und zu einem Rechteck in der Größe von etwa 35 x 45 cm ausrollen.
2. Für die Füllung die Zutaten zu einer geschmeidigen Masse vermischen. Die Nussmasse auf die Teigplatte streichen. Den Teig von der längeren Seite her aufrollen und zu einem Kranz formen.
3. Den Kranz in gleichmäßigen Abständen einschneiden und backen. **Backzeit: 30 bis 40 Min. bei 180 °C (160 °C Heißluft).**
4. Vor dem Servieren mit Puderzucker bestäuben.

Unsere Alternative zum Hefeteig: Nusskranz aus Mürbteig

Omas Hefefladen

Zutaten:	**Zubereitung:**

Hefeteig:
125 ml Milch
50 g Butter
½ Würfel Hefe
300 g Mehl
50 g Zucker
1 EL Zitronenzucker
1 Prise Salz

Streusel:
80 g Butter
160 g Mehl
100 g Zucker

Füllung:
2–3 Äpfel
oder Pflaumenmus

Guss:
100 g Puderzucker
1–2 EL Zitronensaft

Zubereitung:

1. Für den Hefeteig die Milch mit der Butter leicht erwärmen und die Hefe darin auflösen. Die restlichen Zutaten in einer Schüssel vermischen. Die Hefemilch mit dem Knethaken der Küchenmaschine gut unterkneten. Zugedeckt an einem warmen Ort ca. 40 Min. gehen lassen.
2. Für die Streusel die Butter schmelzen und mit Mehl und Zucker verkneten.
3. Den Hefeteig nochmals durchkneten und in ca. 10 Portionen teilen. Diese in der Größe eines kleinen Fladens ausrollen. Auf ein mit Backpapier ausgelegtes Backblech legen.
4. Die Äpfel schälen, vierteln und entkernen. In feine Spalten schneiden und die Fladen damit belegen. Oder die Fladen mit dem Pflaumenmus bestreichen.
5. Die Streusel über die Fladen verteilen und backen. **Backzeit: ca. 25 bis 30 Min. bei 190 °C (170 °C Heißluft).**
6. Die Zutaten für den Guss miteinander verrühren und über die Fladen verteilen.

Kleine Nascherei für die Teestunde

Puddingschnecken

Zutaten:

Hefeteig:

120–150 ml Milch
50 g Butter
1 Würfel Hefe
400 g Mehl
1 Ei
80 g Zucker
etwas Salz

Füllung:

1 Pck. Vanillepuddingpulver
3 EL Vanillezucker
400 ml Milch

Guss:

250 g Puderzucker
2–3 EL Zitronensaft

Zubereitung:

1. Die Milch mit der Butter leicht erwärmen. Die Hefe in das Mehl bröseln. Die Milch mit der Butter darübergießen. Die restlichen Zutaten zugeben und mit den Knethaken des Handrührgerätes sehr gut durchkneten.
2. Den Teig zugedeckt an einem warmen Ort gehen lassen, bis sich das Volumen etwa verdoppelt hat.
3. In der Zwischenzeit für die Füllung den Pudding nach Packungsanleitung zubereiten und abkühlen lassen.
4. Den Hefeteig zu einer rechteckigen Teigplatte ausrollen und den Pudding darauf verteilen. Aufrollen, in etwa 2 cm dicke Stücke schneiden und backen. **Backzeit: 30 Min. bei 180 °C (160 °C Heißluft).**
5. Aus dem Puderzucker und dem Zitronensaft einen Guss zubereiten und die Schnecken damit bestreichen.

Zuckersüße Hingucker

Rosarote
Kuchen-
träume

Rosa Schnitten

Zutaten:

Biskuit:

6 Eier
100 g Zucker
150 g Mehl
½ TL Backpulver

Füllung:

4 EL Orangensaft
150 g Johannisbeermarmelade ohne Kerne

Guss:

150 g Puderzucker
Zitronensaft
Johannisbeermarmelade ohne Kerne
Schokoherzen

Zubereitung:

1. Die Eier mit dem Zucker sehr schaumig rühren. Das Mehl mit dem Backpulver mischen, über die Schaummasse sieben und unterheben.
2. Den Teig auf ein mit Backpapier ausgelegtes Backblech streichen und backen. **Backzeit: 12 bis 14 Min. bei 200 °C (180 °C Heißluft).**
3. Den Biskuit abkühlen lassen. Mit dem Orangensaft beträufeln. Die Marmelade erwärmen und glattrühren. Auf den Biskuit streichen, diesen halbieren und die bestrichenen Seiten aufeinanderlegen. Mit einem Backblech beschweren.
4. In kleine Schnitten schneiden. Den Puderzucker mit etwas Zitronensaft verrühren. So viel Marmelade dazugeben, dass eine rosafarbige, streichfähige Masse entsteht. Die Schnitten damit bestreichen und mit Schokoherzen verzieren.

Anleitung:

Teig mit dem Rollholz auf ca. 3 mm Stärke ausrollen.

Die flüssige Butter auf den Teig streichen. Gewürze aufstreuen.

Anschließend den Teig von ob nach unten straff zusammenro

Den Teig in ca. 2 cm starke Stücke schneiden, nochmals ruhen lassen, backen und noch heiß...

... mit Aprikotur bestreichen.

Adelinde Häussler vom Backd Häussler verrät ihr Lieblingsrez zum Kaffee.

Schneckennudeln mit Vollkorn

Zutaten für 30 Schnecken:

Vorteig:

500 g Dinkelvollkornmehl fein gemahlen
300 ml Milch
200 ml Wasser
60 g Hefe

Weitere Teigzutaten:

200 g Dinkelvollkornmehl
300 g Dinkelmehl Type 630
120 g Zucker
12 g Salz
1 Ei
20 g Backmalz
4 g Kardamom
Vanille und Zitrone nach Geschmack
100 g Butter

Füllung:

125 g flüssige Butter
120 g Zucker
g Lebkuchen- oder Spekulatiusgewürz
100 g Rosinen

Zum Bestreichen:

1 Ei
etwas Milch
100 g gehobelte Mandeln
50 g Hagelzucker

Zubereitung:

1. Für den Vorteig das Dinkelvollkornmehl, die Milch, das Wasser und die Hefe miteinander vermengen und ca. 30 Min. ruhen lassen.
2. Den Vorteig mit den restlichen Zutaten außer der Butter 4 Min. in der Knetmaschine kneten. Die Butter zugeben und nochmals 6 Min. kneten. Abgedeckt 1 Std. ruhen lassen.
3. Danach den Teig auf ca. 3 mm Stärke ausrollen, dabei immer wieder mit Mehl bestäuben, damit der Teig nicht klebt. Die flüssige Butter gleichmäßig auf den ausgerollten Teig streichen. Das Gewürz mit dem Zucker vermischen und auf die flüssige Butter streuen, ebenso die Rosinen.
4. Dann den Teig von oben nach unten straff zusammenrollen und den Schluss mit Wasser bestreichen, so dass er beim Backen nicht aufgeht. Den Teig in ca. 2 cm starke Stücke schneiden und auf ein mit Folie belegtes Backblech legen.
5. Etwa 30–40 Min. ruhen lassen. Dann mit der Ei-Milch-Mischung abstreichen, mit den Mandeln und dem Hagelzucker betreuen und backen. **Backzeit: 10 bis 15 Min. bei 220°C (200°C Heißluft).**

Aprikotur für Schneckennudeln

Man kann die Schneckennudeln auch mit einer Aprikotur versehen. Dazu vermischt man Aprikosenmarmelade und Wasser (1:1) in einem Topf und bringt das Ganze zum Kochen.
Die heiße Aprikotur wird auf die fertiggebackenen, heißen Schneckennudeln aufgestrichen.

Knackig,
nussig und schokoladig schmecken
Nussecken
das ganze Jahr hindurch

Walnussecken mit Quittengelee

Zutaten:

Mürbteig:

300 g Mehl
120 g Zucker
1 EL Vanillezucker
150 g Butter
1 Ei

Belag:

5–6 EL Quittengelee
200 g Butter
200 g Zucker oder Honig
1 EL Vanillezucker
400 g grob gemahlene Walnüsse

Zum Verzieren:

Kuvertüre

Zubereitung:

1. Aus den Teigzutaten einen Mürbteig zubereiten.
2. Den Teig auf einem mit Backpapier ausgelegten Backblech ausrollen und 30 Min. kühl stellen.
3. Das Quittengelee glattrühren und den Teig damit bestreichen.
4. Die Butter mit dem Zucker bzw. dem Honig, dem Vanillezucker und 4 EL Wasser zerlassen und unter Rühren einmal aufkochen lassen. Die Nüsse unterrühren, die Nussmasse auf den Teig streichen und backen. **Backzeit: 40 Min. bei 190 °C (170 °C Heißluft).**
5. Die Nussecken nur ganz kurz abkühlen lassen und dann sofort in Dreiecke schneiden.
6. Die Kuvertüre klein hacken und im Wasserbad schmelzen, die Nussecken damit verzieren.

Windbeutel mit Blütensahne

Zutaten:

Füllung:

1 Handvoll Rosenblütenblätter

300 g Sahne

Brandteig:

½ TL Salz

50 g Butter

150 g Mehl

2–3 Eier

Zum Verzieren:

Rosenblütenblätter

Zubereitung:

1. Die Rosenblütenblätter grob hacken und mit der Sahne verrühren. Mindestens 2 Std. im Kühlschrank ziehen lassen.
2. Für die Windbeutel 200 ml Wasser mit dem Salz und der Butter in einem Topf zum Kochen bringen. Das Mehl auf einmal dazugeben und sofort umrühren.
3. So lange rühren, bis sich ein Klumpen bildet und der Topfboden von einer weißen Schicht überzogen wird. Dieses Abbrennen bringt beim Brandteig die richtige Konsistenz. Vom Herd nehmen und in eine Schüssel geben.
4. Einzeln die Eier unterrühren. Die Anzahl der Eier hängt von der Größe ab. Der Teig muss glatt und glänzend aussehen. Er sollte vom Löffel reißen, sodass lange Spitzen hängen bleiben.
5. Den Brandteig in einen Spritzbeutel mit großer Sterntülle geben, Rosetten auf ein mit Backpapier ausgelegtes Backblech spritzen und backen. **Backzeit: 20 bis 25 Min. bei 210 °C (190 °C Heißluft).**
6. Die Windbeutel etwas abkühlen lassen, anschließend in der Mitte aufschneiden und ganz auskühlen lassen.
7. Die Blütensahne in einem Sieb abgießen und steifschlagen. Mit einem Spritzbeutel mit kleiner Sterntülle die Windbeutel mit der Sahne füllen und mit Blütenblättern verzieren.

Desserts zum Genießen

Ein Nachtisch geht immer!

Versuchungen
sollte man nachgeben,
wer weiß, wann sie
wieder kommen.
(Oscar Wilde)

Himbeer-Tiramisu

Zutaten:

Biskuit:

5 Eier
100 g Zucker
100 g Mehl
20 g Speisestärke
1 TL Backpulver
30 g Kakao

Füllung:

250 g Mascarpone
500 g Quark 20 %
100 g Zucker
1 EL Vanillezucker
2 EL Zitronensaft
250 g Himbeeren

Zubereitung:

1. Für den Biskuit die Eier mit dem Zucker schaumig rühren. Die restlichen Zutaten mischen und unter die Schaummasse heben. Den Teig auf ein mit Backpapier ausgelegtes Backblech streichen und backen. **Backzeit: 8 bis 10 Min. bei 200 °C (180 °C Heißluft).**
2. Nach dem Backen auf ein mit Zucker bestreutes Tuch stürzen, Backpapier abziehen.
3. Für die Creme die Zutaten, bis auf die Himbeeren, miteinander verrühren.
4. Den Biskuit in Stücke schneiden und eine Form damit auslegen. Einen Teil der Creme darauf verteilen und einen Teil der Himbeeren darübergeben. So fortfahren, bis alles aufgebraucht ist.
5. Mit Himbeeren und Minzeblättern verzieren.

Tipp:

Auch in Gläsern angerichtet sieht dieses Himbeer-Tiramisu schön aus.

Hollerkiachl mit Aprikosensoße

Zutaten:

Aprikosensoße:

1 Dose Aprikosen (à 480 g)

Blüten:

ca. 20 Holunderblütendolden

Teig:

200 g Mehl
1 Msp. Backpulver
1 TL Vanillezucker
1 Prise Salz
2 Eier
130 ml Milch
1 EL Bier oder Rum

Zum Ausbacken:

1 l Öl

Zubereitung:

1. Die Aprikosen abgießen. Etwas Saft dabei auffangen und diesen mit den Aprikosen pürieren.
2. Für die Kiachl die Blütendolden vorsichtig ausschütteln.
3. Für den Teig die Zutaten glatt verrühren.
4. Die Blütendolden einzeln in den Teig tauchen und in heißem Öl knusprig backen.
5. Mit Puderzucker bestäuben und mit der Soße servieren.

Johannisbeer-Tiramisu

Zutaten:

50 g gehackte Haselnüsse
1 EL Puderzucker
250 g Mascarpone
500 g Quark (20 %)
100 g Zucker
1 EL Vanillezucker
2 EL Zitronensaft
200 g Löffelbiskuits
40 ml Apfelsaft
300 g Johannisbeeren

Zubereitung:

1. Die Haselnüsse in einer Pfanne ohne Fettbeigabe rösten, den Puderzucker darüberstäuben und die Nüsse karamellisieren. Abkühlen lassen.
2. Den Mascarpone mit Quark, Zucker, Vanillezucker und Zitronensaft verrühren.
3. Die Hälfte der Löffelbiskuits in eine Form geben. Mit etwas Apfelsaft beträufeln. Die Hälfte der Creme darauf verteilen und die Hälfte der Johannisbeeren darübergeben. Den Vorgang wiederholen.
4. Mit den Haselnüssen bestreuen und 1 Std. kühl stellen.

Fruchtige Variante zum italienischen Dessert-Klassiker.

Marinierte Orangen

mit Joghurtmousse

Zutaten:

Früchte:

2 Orangen
1–2 Grapefruits
3 EL Orangenlikör

Mousse:

4 Blatt Gelatine
150 g Sahne
200 g Joghurt
250 g Topfen (20%)
50 g Zucker
3 EL Vanillezucker

Walnusskrokant:

50 g Walnüsse
3 EL Vanillezucker

Zubereitung:

1. Die Orangen und Grapefruits mit einem Messer so schälen, dass die weiße Haut mit entfernt wird, und filetieren. Den Saft auffangen. Das Obst mit 1 EL Orangenlikör marinieren.
2. Die Gelatine in kaltem Wasser einweichen. Die Sahne steif schlagen. Etwas von der Sahne für die Garnitur kühl stellen. Den Joghurt mit dem Topfen, dem Zucker, dem Vanillezucker, dem restlichen Likör und dem aufgefangenen Saft verrühren. Die Gelatine ausdrücken und auflösen. Mit der Joghurtmasse verrühren. Die Sahne unterheben und die Masse in Tassen füllen. Mindestens 2 Std. kalt stellen.
3. Für den Walnusskrokant die Walnüsse ohne Fett in einer Pfanne anrösten. Den Vanillezucker darübergeben und die Nüsse karamellisieren. Etwas abkühlen lassen und kleinhacken.
4. Zum Stürzen der Mousse den Rand mit einem warmen Messer lösen und kurz in heißes Wasser tauchen. Mit den marinierten Obstfilets und dem Walnusskrokant anrichten.
5. Die Mousse mit der restlichen Sahne garnieren.

Mini-Muffins im Becher

Zutaten für 32 Stück:

Rührteig:

200 g Butter
100 g Zucker
2 Eier
1 Pck. Vanillepuddingpulver
280 g Mehl
2 TL Backpulver
4 EL Milch

Zum Verzieren:

50 g Puderzucker
etwas Zitronensaft
bunte Zuckerstreusel

Außerdem: *32 Waffelbecher*

Zubereitung:

1. Für den Rührteig die Butter mit dem Zucker schaumig rühren. Die Eier nach und nach zugeben. Das Puddingpulver mit Mehl und Backpulver mischen und mit der Milch auf mittlerer Stufe unterrühren.
2. Den Teig in einen Spritzbeutel füllen und gleichmäßig in den Waffelbechern verteilen (Einfüllhöhe bis ca. ½ cm unter den Becherrand). Die Becher auf ein Backblech stellen und backen. **Backzeit: 20 Min. bei 190 °C (170 °C Heißluft).**
3. Abkühlen lassen. Aus Puderzucker und Zitronensaft einen Guss herstellen. Die Muffins damit bestreichen und mit Zuckerstreuseln bunt verzieren.

Rosenblüten-Tiramisu

Zutaten:

Puddingcreme:

2 Handvoll Rosenblüten
400 ml Milch
1 Pck. Vanillepuddingpulver
3 EL Vanillezucker
150 g Sahne
250 g Topfen (20 %)
80 g Zucker
200 g Löffelbiskuits

Zum Tränken:

4 EL Eierlikör

Zum Verzieren:

Rosenblüten

Zubereitung:

1. Die Rosenblüten etwas ausschütteln und in der Milch langsam erwärmen. Abgießen, die Milch aufkochen und mit dem Puddingpulver und dem Vanillezucker einen Pudding zubereiten. Abkühlen lassen.

2. Die Sahne steif schlagen. Den Topfen mit dem Zucker glatt rühren. Den Pudding und die Sahne unterheben.

3. Die Löffelbiskuits in eine flache Form oder in Gläser legen und mit dem Eierlikör tränken. Die Puddingmasse darübergeben.

4. Mit Rosenblüten verzieren.

Schokoladen-Pastinakenkuchen

Zutaten:

Rührteig:

200 g Zartbitterschokolade
300 g Pastinaken
3 Eier
130 g Rohrzucker
200 g Dinkelvollkornmehl
2 TL Backpulver
50 g gemahlene Mandeln
2 EL Kakao
200 ml Rapsöl

Zum Bestreichen:

150 g Kuvertüre Zartbitter
30 g Kuvertüre weiß

Karamellisierte Äpfel:

2 Äpfel
10 g Butter
2 EL Puderzucker
2 EL gehackte Walnüsse

Außerdem:

Muffin-Form mit 12 Mulden
24 Papierförmchen

Zubereitung:

1. Die Schokolade klein hacken und im Wasserbad schmelzen. Abkühlen lassen. Die Pastinaken schälen und fein raspeln.
2. Die Eier mit dem Zucker cremig schlagen. Das Mehl mit dem Backpulver, den Mandeln und dem Kakao mischen und mit dem Öl unterrühren. Die Schokolade und die Pastinaken unterheben.
3. Die Papierförmchen in die Mulden der Muffin-Form geben, den Teig einfüllen und backen. **Backzeit: 25 bis 30 Min. bei 180 °C (160 °C Heißluft).**
4. Die Kuvertüren klein hacken und getrennt im Wasserbad schmelzen. Die abgekühlten Muffins mit der dunklen Kuvertüre bestreichen und mit der weißen Kuvertüre verzieren.
5. Die Äpfel waschen, vierteln, entkernen und in Spalten schneiden. Die Butter schmelzen und die Apfelspalten darin anbraten. Mit dem Puderzucker bestäuben, die Walnüsse zufügen und alles karamellisieren. Mit den Muffins servieren.

Süße Grießnudla

Zutaten:

Grießteig:

300 ml Milch

120 g Weichweizengrieß

2 EL Vanillezucker

1 kleines Ei

Semmelbrösel

Zum Ausbacken:

Butterschmalz

Zum Wälzen:

Zimtzucker

Zubereitung:

1. Die Milch mit dem Grieß und dem Vanillezucker unter ständigem Rühren aufkochen. Etwas abkühlen lassen und das Ei unterrühren.

2. Zum Formen Semmelbrösel auf ein Nudelbrett streuen. Die ausgekühlte Grießmasse zu einer Rolle formen und mit einer Teigkarte kleine Röllchen abtrennen und formen.

3. Reichlich Butterschmalz in einer Pfanne erhitzen und die Röllchen darin ausbacken. Auf Küchenkrepp abtropfen lassen. Sofort im Zimtzucker wälzen und servieren.

Zimtzucker ist leicht selber herzustellen:

1 TL Zimt mit 100 g Zucker mischen und in einem Schraubglas aufbewahren.

Backen rund ums Jahr

Unsere liebsten Backrezepte im Jahreslauf

Küchle
zur
Faschingszeit

Auszogene Küchle

Zutaten für 15–20 Stück:

Hefeteig:

500–600 g Mehl
20 g frische Hefe
75 g Zucker
250 ml lauwarme Milch
1 Prise Salz
50 g geschmolzene Butter
2 Eier

Zum Ausbacken:

Butterschmalz
oder Öl

Zum Bestäuben:

Puderzucker

Zubereitung:

1. 500 g Mehl eine Rührschüssel geben und eine Mulde in die Mitte drücken. In einem kleinen Schälchen die Hefe mit etwas Zucker verrühren, etwas lauwarme Milch dazugeben und in die Mulde im Mehl geben. Das Hefe-Zucker-Milch-Gemisch mit etwas Mehl bestäuben und zugedeckt 15 Min. gehen lassen.
2. Den restlichen Zucker, die restliche Milch, das Salz, die Butter und die Eier hinzufügen und alles kräftig durchkneten.
3. Hefeteig zu einer Rolle formen und in 15 gleich große Stücke teilen. Kugeln daraus formen und zugedeckt 30 Min. gehen lassen.
4. Butterschmalz in einem großen Topf oder in der Fritteuse auf 170–180 °C erhitzen. Die richtige Temperatur ist erreicht, wenn sich an einem in das heiße Fett getauchten Holzspieß viele kleine Bläschen bilden.
5. Mit gefetteten Händen die Hefeteigkugeln so von der Mitte her ausziehen, dass eine papierdünne Mitte und ein fingerdicker Rand entstehen. Die Küchle nacheinander im heißen Fett schwimmend goldgelb ausbacken. Jedes Küchle einzeln in das Fett gleiten lassen und mit etwas Fett begießen. Wenn die Unterseite goldbraun ist, das Küchle wenden und goldbraun werden lassen. Mit einem Schaumlöffel herausnehmen und auf Küchenpapier abtropfen lassen.
6. Die fertigen Küchle mit Puderzucker bestäuben und noch warm servieren.

Zimt-Apfel-Krapferl

Zutaten:

Rührteig:

2 Eier
80 g Zucker
250 g Mehl
1 TL Backpulver
ca. 100 ml Milch
3 Äpfel

Zum Ausbacken:

1 l Öl oder Butterschmalz

Zum Wälzen:

Zimtzucker

Nicht nur zu Fasching unschlagbar lecker.

Zubereitung:

1. Für den Teig die Eier mit dem Zucker, dem Mehl, dem Backpulver und der Milch zu einem zähen Teig rühren. 20 Min. stehen lassen.
2. Die Äpfel schälen, raspeln und unter den Teig heben. Evtl. noch etwas Mehl hinzufügen. Der Teig sollte so fest sein, dass man Nocken ausstechen kann.
3. Das Öl oder Butterschmalz in einem Topf auf 180 °C erhitzen.
4. Mit zwei größeren Teelöffel Nocken herausstechen und in das heiße Fett gleiten lassen, diese unter mehrmaligem Wenden insgesamt 3–4 Min. goldgelb ausbacken.
5. Je nach Größe des Ausbackgefäßes immer nur 4–5 Apfelkrapfen auf einmal ausbacken.
6. Mit einem Schaumlöffel aus dem Fett heben, auf einer dicken Lage Küchenpapier zum Abtropfen des Fettes auslegen.
7. Noch warm im Zimtzucker wälzen und servieren.

Gelbe-Rüben-Kuchen

Zutaten:

3 Eier
150 g Zucker
100 g gemahlene Haselnüsse
250 g Mehl
½ Pck. Backpulver
200 g geriebene Gelbe Rüben
200 g Naturjoghurt
200 g Öl

Guss:

250 g Puderzucker
2–4 EL Zitronensaft

Zum Verzieren:

kleine Marzipan-Rüblis

Zubereitung:

1. Die Eier mit dem Zucker sehr schaumig rühren. Die Nüsse mit dem Mehl und dem Backpulver mischen. Mit den Gelben Rüben, dem Joghurt und dem Öl unterheben. Den Teig in eine gefettete, bemehlte Kranzform geben und backen. **Backzeit: 50 bis 60 Min. bei 180 °C (160 °C Heißluft).** Kurz abkühlen lassen und aus der Form lösen.

2. Für den Guss den Puderzucker mit dem Zitronensaft glattrühren und den Kuchen damit bestreichen. Mit den kleinen Rüblis verzieren.

Guglhupferl mit Schokoladeneiern

Zutaten:

Rührteig:

80 g Butter
50 g Zucker
2 Eier
50 g gemahlene Haselnüsse oder Mandeln
100 g Mehl
1 TL Backpulver

Zum Verzieren:

150 g Sahne
Schokoladeneier

Zubereitung:

1. Für den Rührteig die Butter mit dem Zucker schaumig rühren. Die Eier nach und nach zugeben. Die Nüsse mit dem Mehl und dem Backpulver mischen und auf mittlerer Stufe unterrühren. Den Teig in kleine, gefettete Guglhupf-Förmchen füllen und backen. **Backzeit: 25 bis 30 Min. bei 170 °C (150 °C Heißluft).**
2. Die Sahne steif schlagen und in einen Spritzbeutel mit kleiner Sterntülle füllen. In die Mulden der abgekühlten Guglhupferl spritzen und jeweils ein Schokoladenei daraufsetzen.

Häschen zum Kaffeeklatsch

Zutaten für 4 Häschen:

Hefeteig:

300–350 g Mehl
125 ml Milch
½ Würfel Hefe
35 g Zucker
35 g Butter
1 Prise Salz
1 Ei

Zum Verzieren:

1 Eigelb
1 EL Milch
12 Rosinen

Zubereitung:

1. Das Mehl in eine Rührschüssel geben und in der Mitte eine Mulde formen. Die Milch erwärmen. Die Hefe und 1 EL des Zuckers in einer kleinen Schale verrühren. Ein Drittel der Milch zur Hefe mischen, in die Mulde im Mehl geben und 15 Min. ruhen lassen.
2. Die Butter, den Zucker und das Salz in der restlichen Milch auflösen, nicht zu heiß werden lassen.
3. Wenn der Vorteig gegangen ist, die restlichen Zutaten hinzufügen, alles zu einem Teig verkneten und zu einer Kugel formen. Zugedeckt 30 Min. gehen lassen.
4. Den Teig nochmals durchkneten und in 4 gleich große Stücke teilen, dann nochmals jeweils ein Drittel abschneiden. Für den Körper aus dem größeren Stück eine Kugel formen, flach drücken und bis zur Hälfte einschneiden. Für den Häschenkopf das kleinere Stück zu einem Oval formen, flach drücken, auch bis zur Hälfte längs einschneiden und mit etwas Wasser auf den Körper kleben. Auf diese Weise alle 4 Häschen formen und auf ein mit Backpapier ausgelegtes Backblech legen. Zugedeckt 30 Min. gehen lassen.
5. Das Eigelb und 1 EL Milch verquirlen und die Häschen damit einpinseln. Die Rosinen als Augen und Nase in den Teig drücken und backen. **Backzeit: ca. 15 bis 20 Min. bei 180 °C (160 °C Heißluft).**
6. Anschließend auf einem Kuchengitter auskühlen lassen.

Hase:
Zeichen der Fruchtbarkeit und der Wachsamkeit

Osterlamm

Zutaten:

Rührteig:

2 Eier
1 Prise Salz
125 g Butter
125 g Puderzucker
2 EL Vanillezucker
½ Pck. Vanillepuddingpulver
180 g Mehl
1 TL Backpulver
6 EL Milch

Für die Form:

etwas Butter
20 g Semmelbrösel

Zum Bestäuben:

50 g Puderzucker

Zubereitung:

1. Die Eier trennen und das Eiweiß mit dem Salz steifschlagen. Die Butter mit Puderzucker, Vanillezucker und Eigelb schaumig rühren. Das Puddingpulver mit Mehl und Backpulver mischen und mit der Milch unterrühren. Das Eiweiß unterheben.
2. Eine Osterlammform gut einfetten und die Semmelbrösel in der Form verteilen. Den Teig einfüllen und backen. **Backzeit: 45 Min. bei 180 °C (160 °C Heißluft).**
3. Das Lamm in der Form ca. 40 Min. abkühlen lassen. Vor dem Servieren mit Puderzucker bestäuben.

Der Klassiker für das Osterfest!

Eine besondere Geschenkidee zum 1. Advent
BACKMISCHUNG FÜR Zimtsterne
Folgende Zutaten werden noch benötigt:
3 Eiweiß
1 Prise Salz
100 g Puderzucker

Backmischung für Schokoladen-Zimtsterne

Zutaten für eine 500-ml-Flasche:

50 g Puderzucker
100 g gemahlene Mandeln
2 EL Backkakao
100 g gemahlene Haselnüsse
2 TL Zimt

Zubereitung:

1. Die Zutaten wie folgt in die Flasche geben: 50 g Puderzucker, die Mandeln, den Kakao, 50 g Puderzucker, 50 g Haselnüsse, 50 g Puderzucker, den Zimt, 50 g Haselnüsse.
Beim Einfüllen die Flasche immer wieder mehrere Male auf die Arbeitsfläche klopfen, dadurch verteilen sich die Zutaten gleichmäßig und fallen etwas zusammen. Wenn nötig, die Zutaten mithilfe eines Löffels nach unten drücken.

2. Zum Verschenken der Backmischung die unten stehende Backanleitung beifügen und die Flasche mit einem Sternausstecher dekorieren.

Zubereitung Schokoladen-Zimtsterne:

1. Die Backmischung in eine Rührschüssel geben und gut vermengen.
3. In einer extra Schüssel 2 Eiweiß mit dem Salz steif schlagen und unter die Backmischung heben.
4. Den Teig 1cm dick ausrollen, mit einem angefeuchteten Ausstecher Sterne ausstechen und diese auf einem mit Backpapier ausgelegten Backblech verteilen.
5. 1 Eiweiß steif schlagen und den Puderzucker einrieseln lassen. Die Puderzuckereiweißglasur auf die Sterne streichen und backen. **Backzeit: 13 bis 15 Min. bei 150 °C (125 °C Heißluft).**

Feine Schokoplätzchen

Zutaten:

250 g Butter
250 g Zucker
6 Eier
250 g gemahlene Mandeln
250 g geriebene Zartbitterschokolade
100 g Mehl

Zubereitung:

1. Die Butter mit dem Zucker schaumig rühren und die Eier einzeln unterrühren. Die gemahlenen Mandeln, die geriebene Schokolade und das Mehl mischen und nach und nach untermischen.
2. Den Teig auf ein gefettetes oder mit Backpapier ausgelegtes Backblech streichen und im vorgeheizten Backofen backen. **Backzeit: ca. 20 Min. bei 180 °C (160 °C Heißluft).**
3. Aus dem Ofen nehmen, noch warm in Rauten oder Quadrate schneiden und auf einem Kuchengitter auskühlen lassen.

Gefüllte Marzipanstangen

Zutaten für 30 Stück:

Rührteig:

250 g Marzipan-Rohmasse
200 g Butter
100 g Zucker
1 Pck. Vanillezucker
1 Ei
3 Tropfen Backöl Zitrone
250 g Weizenmehl
100 g Speisestärke

Zum Verzieren:

4 EL Kirschkonfitüre
250 g Kuvertüre

Zubereitung:

1. Die Marzipan-Rohmasse mit dem Handrührgerät zu einer geschmeidigen Masse verrühren. Nach und nach Butter, Zucker, Vanillezucker, Ei und Backöl hinzugeben. Das Mehl und die Speisestärke sieben und unterrühren.
2. Mit Hilfe eines Spritzbeutels den Teig in 5 cm lange Stangen auf ein mit Backpapier ausgelegtes Backblech spritzen und im vorgeheizten Ofen backen. **Backzeit: ca. 8 bis 12 Min. bei 200 °C (180 °C Heißluft).**
3. Auf einem Kuchengitter abkühlen lassen. Die Hälfte der Stangen auf der glatten Seite mit Kirschkonfitüre bestreichen, die restlichen darauflegen und gut andrücken.
4. Zum Verzieren die Kuvertüre im Wasserbad schmelzen, die Marzipanstangen mit beiden Enden in die flüssige Kuvertüre tauchen und abkühlen lassen.

Hildatörtchen

Zutaten für 70 Stück:

Mürbteig:

500 g Mehl
250 g Zucker
1 Pck. Vanillezucker
1 Prise Salz
250 g Butter
3 Eigelb
Johannisbeergelee

Zum Verzieren:

Puderzucker

Zubereitung:

1. In einer Rührschüssel Mehl, Zucker, Vanillezucker, Sa Butter und Eigelb vermischen und mit dem Handrüh gerät mit Knethacken einen gebröselten Mürbteig he stellen. Den Teig in Frischhaltefolie gewickelt mindes tens 1 Std. kalt stellen.
2. Den Teig ca. 2 mm dick ausrollen und runde Plätzche mit gewelltem Rand in 3 Größen ausstechen.
3. Die Plätzchen auf ein gefettetes oder mit Backpapier gelegtes Backblech legen und im vorgeheizten Ofen backen: **Backzeit: 6 bis 10 Min. bei 180 °C (160 °C Heißluft).** Am besten je ein Blech pro Plätzchengröß verwenden, da die Backzeit je nach Größe variiert. Di Plätzchen auf einem Kuchengitter auskühlen lassen.
4. Die einzelnen Plätzchen mit je einem Klecks Johanni beergelee zusammensetzten und großzügig mit Puder zucker bestäuben.

Linzer Kranzerl

Zutaten für 30 Stück:

Rührteig:

4 hartgekochte Eigelb
200 g Butter
80 g Puderzucker
Vanilleschote (ausgekratztes Mark)
1 Prise Salz
300 g Mehl
120 g geschälte Mandeln
100 g Zucker
2 Eigelb

Zum Verzieren:

80 g Johannisbeergelee
Puderzucker

Zubereitung:

1. Die hartgekochten Eigelb durch ein Sieb streichen und mit Butter, Puderzucker, Vanillemark und Salz schaumig rühren. Das Mehl sieben, hinzufügen. Alles zu einem geschmeidigen Teig verkneten und 30 Min. im Kühlschrank ruhen lassen.
2. Den Teig ca. 4 mm dick ausrollen und Ringe ausstechen. Die Mandeln grob hacken und mit dem Zucker mischen. Die Ringe mit Eigelb bestreichen und in die Mandel-Zuckermasse drücken, auf ein gefettetes Backblech legen und im vorgeheizten Ofen backen. **Backzeit: 8 bis 12 Min. bei 180 °C (160 °C Heißluft).**
3. Anschließend auskühlen lassen. Die Ringe mit Johannisbeergelee bestreichen und je zwei zusammensetzen. Fertige Plätzchen mit etwas Puderzucker bestäuben.

Für Trüffel-Tuffs:

Die Masse in einen Spritzbeutel mit Sterntülle füllen und kleine Tuffs in die Pralinenförmchen spritzen. Diese ebenso zum Festwerden in den Kühlschrank stellen.

Lebkuchen-Trüffel

Zutaten für 35 Stück:

Trüffelmasse:

300 g Edelbitterschokolade (55% Kakaoanteil)
100 g Vollmilchschokolade
100 g Sahne
20 g Butter
1-2 TL Lebkuchengewürz
1 Prise Salz
2 EL Orangenlikör

Zum Verzieren:

3 EL Kakao
1 EL brauner Zucker
1 TL Zimt

Zubereitung:

1. Die Schokolade grob hacken, in eine Schüssel geben und kurz beiseite stellen. Die Sahne in einem kleinen Topf aufkochen lassen, über die Schokolade gießen, kurz stehen lassen, dann rühren, bis die Schokolade geschmolzen ist. Die Butter dazugeben und rühren, bis diese geschmolzen ist. Zum Schluss das Lebkuchengewürz, das Salz und den Orangenlikör hinzufügen und so lange weiterrühren, bis sich alles zu einer geschmeidigen Masse vermengt hat.
2. Die Trüffelmasse bei Zimmertemperatur fest werden lassen, am besten über Nacht.
3. Die feste Masse mit den Schneebesen des Rührgeräts kurz aufschlagen. Für Trüffelkugeln mithilfe zweier Teelöffel etwa 35 gleichgroße Portionen der Schokomasse auf eine mit Frischhaltefolie ausgelegte Kuchenplatte geben und diese zum Festwerden in den Kühlschrank stellen. Dann vorsichtig einzeln zu Kugeln rollen und diese in einer Mischung aus Kakao, braunem Zucker und Zimt wälzen.
4. Die Trüffel in Cellophantütchen oder Pralinenschachteln geben und diese mit einem hübschen Etikett versehen. Die Lebkuchen-Trüffel bis zum Verschenken im Kühlschrank lagern.

Nougatringe

Zutaten für 50 Stück:

Mürbteig:

100 g Mehl
45 g Puderzucker
1 Pck. Vanillezucker
1 Prise Salz
1 Bio-Orange (abgeriebene Schale)
1 Eigelb
60 g Butter

Zum Verzieren:

80 g Haselnusskerne
175 g Nougat
75 g Butter
300 g Vollmilchkuvertüre

Zubereitung:

1. In einer Rührschüssel alle Teigzutaten zu einem Mürb teig verkneten. Den Teig zu einer Kugel formen und i Frischhaltefolie gewickelt 30 Min. kalt stellen.
2. Mürbteig ca. 2 mm dünn ausrollen, Ringe ausstechen, ein mit Backpapier ausgelegtes Blech legen und back **Backzeit: 7–10 Min. bei 200 °C (180 °C Heißluft).** Anschließend auskühlen lassen.
3. Haselnüsse in einer Pfanne ohne Fett rösten, die brau Schale abreiben und grob hacken. Das Nougat, die Butter und die abgeriebene Schale der halben Orange cremig rühren und auf die Mürbeteigringe spritzen. Gehackte Haselnüsse darüber streuen und leicht andr cken. Dann die Nougatringe für 15 Min. in den Gefri schrank stellen. Vollmilchkuvertüre im Wasserbad schmelzen. Die Nougatringe damit überziehen und anschließend abkühlen lassen.

Orangenstangen

Zutaten für 30 Stück:

Rührteig:

125 g Butter
100 g Marzipan-Rohmasse
100 g Puderzucker
1 Ei
1 Bio-Orange (abgeriebene Schale)
150 g Mehl
100 g Speisestärke

Zum Verzieren:

200 g Kuvertüre
etwa 4 EL Orangen- oder Aprikosenmarmelade

Zubereitung:

1. Die Butter, die Marzipan-Rohmasse und den Puderzucker zu einer geschmeidigen Masse verrühren. Dann das Ei und die Orangenschale untermischen. Das Mehl und die Speisestärke sieben und esslöffelweise unterrühren.
2. Den Teig in einen Spritzbeutel mit Sterntülle füllen und 5 cm lange Stangen auf ein mit Backpapier ausgelegtes Backblech spritzen und backen. **Backzeit: 8–12 Min. bei 200 °C (180 °C Heißluft)**. Anschließend auf einem Kuchengitter abkühlen lassen.
3. Jeweils 2 Orangenstangen auf der glatten Seite mit Marmelade bestreichen und zusammendrücken. Kuvertüre im Wasserbad schmelzen, die Orangenstangen mit einem Ende in die flüssige Kuvertüre tauchen und abkühlen lassen.

Vanillekipferl-Likör

Zutaten für 400 ml Likör:

100 g gemahlene Mandeln
300 g Sahne
100 g Zucker
2 Vanilleschoten
100 ml Weinbrand

Zubereitung:

1. Die Mandeln in einer Pfanne ohne Fett anrösten, aus der Pfanne nehmen und abkühlen lassen.
2. In einem kleinen Topf die Sahne mit dem Zucker und den gerösteten Mandeln verrühren. Die Vanilleschoten auskratzen, das Mark und die Schoten zur Sahnemischung geben. Alles unter Rühren einmal aufkochen, vom Herd nehmen, abkühlen lassen und über Nacht im Kühlschrank ziehen lassen.
3. Die Mischung durch ein feines Sieb gießen, die Mandeln dabei mithilfe eines Löffels etwas ausdrücken. Den Weinbrand hinzufügen, untermischen und in Fläschchen füllen.

Vanille-Mandelherzen

Zutaten:

Mürbteig:

225 g Weizenmehl
150 g Butter
125 g Zucker
1 Pck. Bourbon-Vanillezucker
Mark von 1 Vanilleschote

Zum Bestreuen:

100 g Mandelblättchen

Zubereitung:

1. Den Backofen auf 180 °C vorheizen. Backblech mit Backpapier belegen.
2. Das Mehl in eine Schüssel geben, dazu die Butter, den Zucker sowie den Bourbon-Vanillezucker und das Mark der Vanilleschote mit der Hand zu einem festen Teig verarbeiten.
3. Den Teig auf einer bemehlten Arbeitsfläche ausrollen. Große Herzen ausstechen und auf das Backblech verteilen. Die Herzen mit Mandelblättchen bestreuen, diese ganz leicht andrücken. **Backzeit: 10–15 Min. bei 180 °C (160 °C Heißluft).**

Noch Fragen oder Anregungen?

Der direkte Kontakt mit unseren LeserInnen liegt uns sehr am Herzen. Wenn Sie also Nachfragen, Rückmeldungen, Anregungen, Verbesserungsvorschläge oder Kritik zu diesem Buch haben, freuen wir uns sehr auf Ihre Nachricht. Sie erreichen uns am besten, via Mail an j.strodl@ava-verlag.de oder telefonisch unter (08 31) 5 71 42-69.
Wenn Sie uns im Internet besuchen möchten, dann finden Sie uns unter www.ava-verlag.

AVA-Agrar Verlag Allgäu GmbH© · 1. Auflage 2017

Herausgeber & Verlag: AVA-Agrar Verlag Allgäu GmbH
Porschestraße 2 • 87437 Kempten/Allgäu
Telefon: (08 31) 5 71 42-0 • Fax: (08 31) 7 90 08
E-Mail: vertrieb@ava-verlag.de
Internet: www.ava-verlag.de

Gesellschafter: A. Kiechle, W. Kühnle, A. Weixler, Landwirtschaftsverlag Münster

Geschäftsführender Gesellschafter: Dipl.-Ing. (FH) Wolfgang Kühnle

Redaktion & Layout: Johanna Strodl, Nadja Esterl

Bildverweise:
Christine Schilcher: S. 20; Fotolia: © HLPhoto/Fotolia.com: S. 36, © Eva Gruendemann/Fotolia.com: S. 116; © Floydine/fotolia.com: S. 80; Johanna Strodl: S. 36; © Karl-Heinz Häussler GmbH: S. 58, 59, 99, 116; Mareen Kurray: S. 16, 18, 22, 28, 30, 69, 78, 84, 92, 94, 140, 146, 150, 152, 153, 154, 155, 156, 158, 159, 160; shutterstock: © Jack Frog/shutterstock.com: S. 7; © AnjelikaGr/shutterstock.com: S. 9; © denio109/shutterstock.com: S. 1; © Agnes Kantaruk/shutterstock.com: S. 13; ; Hobbybäcker: S. 90, ©JulijaDmitrijeva/shutterstock.com: S. 139; Silvia Schlögel: S. 5, 14, 25, 26, 31, 32, 34, 38, 40, 43, 44, 46, 48, 50, 52, 54, 56, 60, 62, 64, 66, 70, 72, 74, 76, 82, 83, 87, 96, 97, 98, 101, 102, 104, 106, 108, 110, 112, 114, 118, 120, 123, 124, 126, 128, 130, 132, 133, 134, 136, 142, 144, 145, 148; Sylwia Erdmanska-Kolanczyk: S. 88, 161
Grafiken: Fotolia: © Anja Kaiser/Fotolia.com; © Maria Galybina/Fotolia.com; © annata78/Fotolia.com; © wooster/Fotolia.com; © pzRomashka/Fotolia.com
Titel: © Agnes Kantaruk/shutterstock.com; Christine Schilcher; Silvia Schlögel

ISBN: 978-3-944321-46-2

Druck: KKW-Druck GmbH
Heisinger Straße 17 • 87437 Kempten/Allgäu
Telefon: (08 31) 57 50-310 • Fax: (08 31) 57 50-360
E-Mail: kontakt@kkw-druck.de
Internet: www.kkw-druck.de